Einnahmen-Überschuss-rechnung

Einfache Buchführung
für Freiberufler und Selbstständige

Dr. Peter A. Klocke,
Dr. Ilonka Kunow

5. Auflage

Haufe

Bibliografische Information der deutschen Bibliothek
Die Deutsche Bibliothek verzeichnet diese Publikation in der Deutschen Nationalbibliografie; detaillierte bibliografische Daten sind im Internet über http://dnb.ddb.de abrufbar.

ISBN 3-448-08073-X
ISBN 978-3-448-08073-5
Bestell-Nr. 00859-0005

1. Auflage 2001 (ISBN 3-448-04707-4)
2., durchges. Auflage 2002 (ISBN 3-448-05189-6)
3., aktualisierte Auflage 2005 (ISBN 3-448-06670-2)
4., aktualisierte Auflage 2006 (ISBN 3-448-07383-0)
5., aktualisierte Auflage 2007

Niederlassung Planegg/München
Postanschrift: Postfach, 82142 Planegg
Hausanschrift: Fraunhoferstraße 5, 82152 Planegg
Fon (089) 89517-0, Fax (089) 89517-250
E-Mail: online@haufe.de
Internet: www.haufe.de
Lektorat: Dr. Ilonka Kunow
Redaktion: Jürgen Fischer
Redaktionsassistenz: Christine Rüber

Satz + Layout: S6-media gmbH, 82166 Gräfelfing
Umschlagentwurf: Agentur Buttgereit & Heidenreich, 45721 Haltern am See
Titelbild und Umschlaggestaltung: Simone Kienle, 70182 Stuttgart
Druck: freiburger graphische betriebe, 79108 Freiburg

Zur Herstellung der Bücher wird nur alterungsbeständiges Papier verwendet.

TaschenGuides – alles, was Sie wissen müssen

Für alle, die wenig Zeit haben und erfahren wollen, worauf es ankommt. Für Einsteiger und für Profis, die ihre Kenntnisse rasch auffrischen wollen.

Sie sparen Zeit und können das Wissen effizient umsetzen:

Kompetente Autoren erklären jedes Thema aktuell, leicht verständlich und praxisnah.

In der Gliederung finden Sie die wichtigsten Fragen und Probleme aus der Praxis.

Das übersichtliche Layout ermöglicht es Ihnen sich rasch zu orientieren.

Anleitungen „Schritt für Schritt", Checklisten und hilfreiche Tipps bieten Ihnen das nötige Werkzeug für Ihre Arbeit.

Als Schnelleinstieg die geeignete Arbeitsbasis für Gruppen in Organisationen und Betrieben.

Ihre Meinung interessiert uns! Unter online@haufe.de können Sie an die TaschenGuide-Redaktion mailen. Wir freuen uns auf Ihre Anregungen.

Inhalt

Vorwort

Ob Anwältin oder Journalist, ob Komponist oder Ärztin: Alle Jahre wieder müssen Freiberufler und Selbstständige ihren Gewinn ermitteln. Nur eine „lästige Pflicht"? Ob Sie Ihre Einnahmen-Überschussrechnung selbst in die Hand nehmen oder einem Steuerberater übertragen: In jedem Fall bietet der Schnitt am Ende des Jahres eine gute Gelegenheit, den Erfolg des eigenen Tuns gründlich zu überprüfen.

Dieser TaschenGuide möchte Ihnen helfen, im Umgang mit Steuerberater und Finanzamt sicherer zu werden und einen echten Nutzen aus der Einnahmen-Überschussrechnung zu ziehen. Nach der Lektüre wissen Sie, wie die einfache Buchhaltung in Grundzügen funktioniert und worauf Sie achten müssen – ganz egal, ob Sie mit oder ohne Buchführungsprogramm arbeiten. Sie lernen, wie Sie die Entwicklung Ihrer unternehmerischen Tätigkeit analysieren und die vom Steuerberater erstellte Gewinnermittlung prüfen können. Sie erfahren außerdem, wie die Sache mit der Umsatzsteuer funktioniert und wo die Vorteile liegen.

Viele Tipps, Beispiele aus der Praxis und Checklisten sollen Ihnen helfen, Ihre steuerlichen Pflichten – von der Belegsammlung bis zur Steuererklärung – sicher in den Griff zu bekommen.

Viel Erfolg wünschen Ihnen

Dr. Peter A. Klocke und Dr. Ilonka Kunow

Die Vorteile der einfachen Buchführung nutzen

Wenn die Einkommensteuererklärung ansteht, will das Finanzamt wissen, wie hoch Ihr Gewinn ist. Nicht nur Freiberufler dürfen hier die „Einnahmen-Überschussrechnung" wählen. Wie sie funktioniert und welche Vorteile sie bringt, erfahren Sie in diesem Kapitel.

Keine Angst vor den lästigen Steuern

Alle Jahre wieder ...

Hans Müller kommt als frisch gebackener Dr. med. von der Uni und kann mit viel Glück eine recht gut gehende Allgemeinarzt-Praxis mit zwei Angestellten auf dem Land übernehmen. Nicht ganz so gesichert, aber doch vielversprechend erscheint die Zukunft von Marina Brandt. Nach einem hervorragenden Abschluss in der Meisterklasse ist die junge Cellistin auf der Suche nach einer festen Anstellung in einem Orchester. Bis das klappt, wird sie sich erst einmal als freischaffende Musikerin und Dozentin über Wasser halten. Auch der Betriebswirt Peter Petersen hat sich vor kurzem selbstständig gemacht und ist als Unternehmensberater tätig.

Für alle drei gehören steuerliche Erledigungen nun zu den Pflichtübungen. Das sind einmal die jährlichen Steuererklärungen, z. B. zur Einkommen- und evtl. Umsatzsteuer, Nachweise über den Gewinn, Dokumentierungen der betrieblichen Kosten und anderes mehr. Denn jeder muss dem Finanzamt sein Einkommen, sprich seinen Gewinn, nachweisen. Und jeder muss belegen, wie dieser Gewinn überhaupt zustande gekommen ist. Schließlich will der Staat ja seinen Anteil daran haben.

Zur Einkommensteuer gehört die Gewinnermittlung

Die Gewinnermittlung ist eine der wichtigsten Voraussetzungen, damit Freiberufler und andere Selbstständige überhaupt ihre Einkommensteuererklärung machen können. Heißt das aber nun auch, dass jeder, der selbstständig oder freiberuflich tätig ist, eine Buchhaltung einführen muss? Bevor wir diese Frage beantworten, soll eine erste Unterscheidung getroffen werden, die in der Praxis eine große Rolle spielt.

Was bedeutet eigentlich „Buchführung"?

Zunächst einmal müssen Sie zwei Dinge voneinander trennen: die Gewinnermittlung und die Buchführung.

Die Gewinnermittlung wird jedes Jahr einmal fällig (nämlich am Ende des Geschäftsjahres). Hier wird – etwas vereinfacht gesagt – alles zusammengefasst, was im Laufe des Jahres an Einnahmen und Ausgaben bzw. an Erlösen und Kosten zusammengekommen ist. Der Weg, wie man zu diesem Endergebnis kommt, ist die Buchführung. Wieder vereinfacht gesagt, bedeutet Buchführung: Alles, was in einem Unternehmen passiert und sich finanziell auswirkt, wird regelmäßig und das ganze Jahr über systematisch gesammelt und festgehalten. Früher zeichnete man diese „Geschäftsvorfälle" in „Büchern" auf, daher „Buchführung". Heute erledigt man so etwas elektronisch mit einem Buchführungsprogramm. Für manchen besteht die „Buchhaltung" auch einfach aus einem Karton oder Ablagesystem, mit dem alle Belege gesammelt werden. „Buchen" nennt man den Vorgang der Aufzeichnung.

■ *Die Abteilung, die in den Unternehmen für die Buchführung zuständig ist, heißt Buchhaltung.* ■

Wie wird der Gewinn ermittelt?

Hier können Sie nicht irgendwie vorgehen, sondern müssen sich nach den Gesetzen im Steuerrecht richten.

Das Einkommensteuerrecht – das vor allem im Einkommensteuergesetz (EStG) geregelt ist – kennt verschiedene Methoden der Gewinnermittlung:

- den Vermögensvergleich (§ 4 Abs. 1, § 5 EStG),
- die Einnahmen-Überschussrechnung (§ 4 Abs. 3 EStG),
- die Gewinnermittlung nach Durchschnittssätzen bei Land- und Forstwirten (§ 13 a EStG).

Das wichtigste Verfahren in der Praxis ist der Vermögensvergleich, genauer gesagt, der Betriebsvermögensvergleich (auch „Bestandsvergleich" genannt). Dazu gehört eine kaufmännische oder doppelte Buchführung – so der Fachbegriff – mit Jahresabschluss (Bilanzierung und Gewinn- und Verlustrechnung).

Eigentlich ist nach dem Handelsgesetz jeder Kaufmann zur Buchführung verpflichtet. Dabei müssen die „Grundsätze ordnungsmäßiger Buchführung" (GoB) beachtet werden. Das ist kompliziert und schwierig. In der Tat stecken dahinter strenge Verfahren, abgesehen davon, dass dafür auch kaufmännische Kenntnisse nötig sind.

Der § 4 Absatz 3 EStG regelt eine einfachere Variante

Doch eine Reihe von Selbstständigen sind von dieser Form der Gewinnermittlung befreit. Hans Müller und Marina Brandt sind wie Peter Petersen vom Gesetzgeber her zur zweiten Variante berechtigt. Sie dürfen mit der Einnahmen-Überschussrechnung ihre Gewinne ermitteln.

■ *Nach dem einschlägigen Paragraphen im Einkommensteuergesetz wird die Einnahmen-Überschussrechnung übrigens auch als „4-(3)-Rechnung" bezeichnet. In der Praxis wird die Einnahmen-Überschussrechnung als Gewinnermittlungsart auch „einfache Buchführung" genannt.* ■

Diese Regelung ist eine Kann-Regel, das heißt, man hat, sofern man zum Kreis der Berechtigten gehört, die Wahl zwischen der Einnahmen-Überschussrechnung und der Gewinnermittlung durch Bilanzierung/doppelte Buchführung. Weil die Einnahmen-Überschussrechnung vom Prinzip her einfacher funktioniert als die doppelte Buchführung, ist diese Option für viele Selbstständige ein echter Vorteil.

Wer darf die Einnahmen-Überschussrechnung machen?

Die Überschussrechnung darf machen, wer

- einen freien Beruf ausübt,
- ein Gewerbe ausübt oder Einkünfte aus einem land- oder forstwirtschaftlichen Betrieb erzielt, wenn Umsatz oder Gewinn eine gewisse Freigrenze nicht übersteigen,
- Vereine, wobei auch hier Freigrenzen gelten.

Freiberufler – wer gehört dazu?

Grundsätzlich dürfen als erste Gruppe die Freiberufler bzw. Unternehmen der freien Berufe die Überschussrechnung wählen.

Als freiberuflich gelten (nach § 18 EStG, Abs. 1 Satz 1) die folgenden Tätigkeiten, soweit sie selbstständig ausgeübt werden und eine Gewinnerzielungsabsicht vorliegt:

- Künstlerische und publizistische Tätigkeiten: Damit gehören z. B. Schriftsteller, bildende Künstler, freischaffende Musiker und Komponisten zum Kreis der Berechtigten.
- Wissenschaftliche, unterrichtende und erzieherische Tätigkeiten: Forscher, Lehrbeauftragte an der Universität, Erzieher, psychiatrische Gutachter, Tanzlehrer, Berater (wenn die Tätigkeit wissenschaftlich ist), etc.
- Die so genannten Katalogberufe. Ob Sie dazu gehören, können Sie einfach im Gesetzestext nachsehen, wo namentlich unter anderem
  - Ärzte, Zahnärzte und Tierärzte,
  - Rechtsanwälte, Notare und Patentanwälte,
  - Architekten, Ingenieure,
  - Berater wie Unternehmensberater, sofern Volks- oder Betriebswirte,
  - Steuerberater und Wirtschaftsprüfer,
  - Heilpraktiker und Krankengymnasten,
  - Journalisten, Dolmetscher, Übersetzer
  - vereidigte Buchprüfer

- Lotsen

und einige andere genannt sind.

- Ähnliche Berufe: Hierunter fallen z. B. Lektoren, Hebammen, Innenarchitekten, Kameramann und -frau u. a. m.
- Auch wenn Sie als Unternehmer oder Unternehmerin in einem freien Beruf tätig sind und Angestellte haben, zählen Sie für die Steuer als Freiberufler/in. Allerdings nur, wenn Ihre Tätigkeit bestimmte Kriterien erfüllt (s. u.).

Abgrenzung zu Gewerbetreibenden

Ob eine Freiberuflichkeit vorliegt oder nicht, hat entscheidende Folgen. Denn Selbstständige, die nicht Freiberufler sind, gelten nach dem Gesetz als Gewerbetreibende (Kaufmann). Und Gewerbetreibende müssen erstens Gewerbesteuer zahlen und unter Umständen auch doppelte Buchführung machen. Nur unter bestimmten Voraussetzungen, nämlich wenn ihr Umsatz innerhalb eines gewissen Freibetrags liegt (s. u.), sind diese Selbstständigen zur Einnahmen-Überschussrechnung berechtigt.

Die Auflistung im Gesetz wird durch Richtlinien zum Einkommensteuergesetz ergänzt. Doch decken auch sie nicht immer neu entstehende Tätigkeitsfelder, etwa im EDV- oder wissenschaftlichen Bereich, ab. Zudem gibt es viele Übergänge zwischen „künstlerischer“ und gewerblicher Tätigkeit. (Denken Sie nur an das „Kunstgewerbe“.) Und nicht zuletzt ist die „Ähnlichkeit“ der Berufe auch eine Auslegungssache, die schon so manchen Selbstständigen sein „Recht auf steuerliche Behandlung als Freiberufler“ hat einklagen lassen.

Wer entscheidet im Zweifel, was ein freier Beruf ist?

Kriterien für Freiberuflichkeit sind z. B. bei künstlerischen Berufen die *eigenschöpferische Tätigkeit*, wobei ein gewisser Grad an Gestaltungshöhe vorliegen muss. Oder bei den wissenschaftlichen Tätigkeiten eine wissenschaftliche Ausbildung und ein entsprechender Anspruch (Forschung/Lehre, Erfindung, wissenschaftliche Methodik u. a. m.).

In Zweifelsfällen entscheidet zunächst das Finanzamt, ob eine Tätigkeit in den Bereich „freiberuflich" fällt. Diese Entscheidungen können sogar im Extremfall von Bundesland zu Bundesland verschieden ausfallen. Inzwischen liegen allerdings auch eine Vielzahl von Urteilen des Bundesfinanzhofs (BFH) und anderer oberer Gerichte zur Einstufung einzelner Tätigkeiten vor.

Beispiele: Vom BFH anerkannte freie Berufe

So hat der BFH etwa Freiberuflichkeit anerkannt bei Entwicklern von Anwender-Software, bei Netzplantechnikern (ähnlich dem Ingenieur), Synchronsprechern von Spielfilmen, bei Marktforschern, soweit sie wissenschaftlich tätig sind, bei Layoutern, wenn sie künstlerisch tätig sind.

Wer eine Freiberuflichkeit nicht anerkannt bekommt, aber glaubt, sie liegt vor, sollte unbedingt ein Gutachten über seine Tätigkeit erbringen.

Wenn Sie sich beim Finanzamt anmelden, kann es nützlich sein, eine eindeutig als freier Beruf anerkannte Tätigkeit anzugeben. Vielleicht fragt das Finanzamt bei „Texter" bereits nach, zweifelt aber – wenn Sie eine akademische Ausbildung haben – eine Bezeichnung als „wissenschaftlichen Autor" oder „Journalist" (Katalogberuf!) nicht an.

■ *Übrigens: Viele Freiberufler sind in der Künstlersozialkasse (KSK) versichert. Doch wird nicht jeder, der in die KSK aufgenommen wurde, auch vom Finanzamt automatisch als Freiberufler anerkannt. Beide Behörden legen hier, wenn auch nur in vereinzelten Fällen, unterschiedliche Maßstäbe an.* ■

Können auch Freiberufler mit Mitarbeitern die Einnahmen-Überschussrechnung machen?

Als Freiberufler können Sie unabhängig von der Höhe Ihres Umsatzes und Gewinns auf die Einnahmen-Überschussrechnung zurückgreifen, solange sie *alleine* tätig sind.

Haben Sie Mitarbeiter, sind Sie steuerrechtlich gesehen nur dann Freiberufler, wenn Sie leitend und eigenverantwortlich tätig sind. Und wenn Sie auch die fachliche Verantwortung für das Tun Ihrer Mitarbeiter tragen. Im Klartext: Sie dürfen nicht alles abgeben, Ihre *persönliche Arbeitsleistung* muss im Vordergrund des Betriebes stehen. Sie müssen wichtige Fragen in Ihrem Unternehmen selbst entscheiden und in der Lage sein, die Arbeit Ihrer Mitarbeiter auch zu überwachen. Trifft eines dieser Kriterien nicht zu, gelten Sie als gewerblicher Unternehmer.

Beispiele

So ist der Arzt Hans Müller auch dann noch Freiberufler, wenn er neben seinen beiden Arzthelferinnen noch einen jungen Arzt beschäftigt, der einen Teil des praktischen Jahres bei ihm absolviert. Hans Müller leitet den „PJ" an und übernimmt für jede Behandlung seiner Patienten – auch wenn sie von den Arzthelferinnen ausgeführt wird – selbst die volle Verantwortung.

Hat jedoch der Ingenieur Fritz Walter in seinem Büro „Fritzbau" einen ganzen Stab von Fachkräften und stellt zusätzlich noch einen Geschäftsführer ein, der die wesentlichen betriebswirtschaftlichen und fachlichen Entscheidungen trifft, kann er sich nicht mehr auf seine Freiberuflichkeit berufen.

Machen auch scheinselbstständige Freiberufler weiterhin Einnahmen-Überschussrechnung?

Sollten Sie als scheinselbstständig eingestuft werden, wirkt sich dies überhaupt nicht auf die steuerliche Behandlung aus. Steuerlich bleiben Sie, falls Sie sich nicht faktisch anstellen lassen, in jedem Fall selbstständig! Sollte Ihr „arbeitgeberähnlicher" Auftraggeber zur Abführung von Sozialleistungen für Sie verpflichtet werden, muss er daher auch keinen Lohnsteuerabzug vornehmen.

Das bedeutet: Sie als Scheinselbstständige/r geben zwar eine Lohnsteuerkarte ab, stellen aber weiterhin Honorarrechnungen. Und Sie können Ihre betrieblich veranlassten Kosten steuerlich geltend machen wie ein Selbstständiger. Sie müssen dann aber natürlich auch weiterhin Ihren Gewinn selbst nachweisen (und nicht etwa der Arbeitgeber Ihre Honorare angeben). Eine wahrlich seltsame Konstruktion!

■ *Auch bei der Umsatzsteuer ändert sich nichts! Sie gelten auch diesbezüglich weiterhin als Unternehmer/in.* ■

Wer ist noch berechtigt?

Auch Gewerbetreibende können ihren Gewinn mit der Einnahmen-Überschussrechnung ermitteln; außerdem dürfen dies auch noch Unternehmen der Land- und Forstwirtschaft, allerdings nur auf Antrag.

Zu den Gewerbetreibenden zählen alle Handels- und Handwerksbetriebe, aber auch eine Reihe von Dienstleistern, die nicht den Kriterien der Freiberuflichkeit Genüge tun.

Beispiele: Gewerbetreibende
So üben Finanz- und Immobilienmakler, KfZ-Sachverständige ohne Ingenieursausbildung, Handelsvertreter, Manager von Fußballstars, Finanz- oder Anlageberater, Innenarchitekten, die mit Möbeln handeln, oder Werbeschauspieler ein Gewerbe aus.

Im Grenzbereich wegen der Ähnlichkeit zu den künstlerischen Berufen liegen z. B. freiberufliche Restauratoren oder Werbetexter. Weisen sie nach, dass ihr Tun einen eigenschöpferischen Anteil hat, gelten sie als Freiberufler, wenn nicht, dann als Gewerbetreibende. Der Beruf des Fußpflegers wiederum hat zu wenig Ähnlichkeit zur Tätigkeit des Heilpraktikers oder Krankengymnasten, als dass er als freiberufliche Tätigkeit durchgehen könnte – auch dieser Beruf ist also gewerblich.

Bei den Gewerbetreibenden allerdings gibt es Grenzen hinsichtlich Gewinn- bzw. Umsatzhöhe, um die Einnahmen-Überschussrechnung machen zu können (was bei Freiberuflern keine Rolle spielt).

Freigrenzen beachten

Bei den Gewerbetreibenden und Landwirten gilt: Sind sie gemäß §§ 140 und 141 AO zur Buchführung verpflichtet, kommt die Einnahmen-Überschussrechnung nicht in Frage. Verpflichtet zur doppelten Buchführung sind sie, wenn Sie

- Umsätze von mehr als 500 000 € im Kalenderjahr (bis 31.12.2006: 350.000 €)haben,
- oder einen Gewinn über 30 000 € im Kalenderjahr erzielen.

Liegen Ihre Umsätze jedoch unter diesen Grenzen, können Sie auch freiwillig die Einnahmen-Überschussrechnung machen.

- *Land- und forstwirtschaftliche Betriebe, deren Wirtschaftswert von selbst bewirtschafteten Flächen unter 25 000 Euro oder deren Gewinn unter 30 000 Euro liegt, können auf Antrag die Einnahmen-Überschussrechnung machen, ansonsten ermitteln sie ihren Gewinn nach Durchschnittssätzen.* ■

Welche Vorteile hat die einfache Buchführung?

Die Vorteile der einfachen Buchführung sind vor allem in Bezug auf die strengere doppelte Buchführung zu sehen. Zunächst einmal ist für die Gewinnermittlung nur eine Gegenüberstellung von Einnahmen und Ausgaben nötig. Dies erfolgt in der „Anlage EÜR" zur Einkommensteuer (ab 2005, s. S. 72 ff.). Hinzu kommen noch Anhänge, die diese Einnahmen und Ausgaben weiter aufschlüsseln und Abschreibungen sowie die Buchwerte des Anlagevermögens sichtbar machen (Genaueres dazu im Abschnitt „Die Einnahmen-Überschussrechnung unter der Lupe").

Damit haben Sie folgende Vorteile gegenüber der Bilanzierung/doppelten Buchführung:

- keine Aufstellung von Inventur und Anfangsbilanz,
- keine Erstellung einer Jahresschlussbilanz und einer Gewinn- und Verlustrechnung.

Und, was vor allem für kleine Unternehmen von Vorteil ist: Sie müssen nicht mit doppelter Buchführung arbeiten.

Keine Inventur, keine Anfangsbilanz, keine doppelte Buchführung

Die Gewinnermittlung nach der Einnahmen-Überschussrechnung in ihrer einfachen Form nimmt kein bestehendes Vermögen auf – daher keine Anfangsbilanz, welche die Bestände (Inventar) und Vermögen zu Beginn der Geschäftstätigkeit erfasst. Auch die Inventur, die jedes Jahr wiederholt wird, um Endwerte festzuhalten, entfällt. Dies macht gerade bei vielen Freiberuflern Sinn, da sie ja in der Regel keine Waren, sondern Dienstleistungen, also immaterielle Leistungen, anzubieten haben.

Gleichzeitig entfällt bei der Aufzeichnung der Geschäftsvorfälle die komplizierte doppelte Buchung von „Soll" und „Haben" – und man muss nicht auf verschiedene Konten buchen. Allerdings arbeiten viele Steuerberater, aber auch viele Unternehmen, die zur Einnahmen-Überschussrechnung berechtigt sind, trotzdem mit der üblichen Kontierung der Finanzbuchhaltung, u. a., weil diese einer anerkannten Logik folgt. Auch EDV-Programme arbeiten mit so genannten „Konten" (dazu näheres im nächsten Abschnitt).

■ *Wenn nur eine einfache Einnahmen-Überschussrechnung erstellt wird, brauchen Sie diese Finanzbuchhaltung aber nicht zwingend!* ■

Auch der „Abschluss" geht einfach!

Schließlich genügen beim Errechnen des Gewinns am Ende des Jahres Aufstellungen von Einnahmen und Ausgaben (in groben Kategorien). Einnahmen sind z. B. Erlöse aus Honoraren, Ausgaben sind z. B. Mieten oder Pachten. Wenn Sie alle Ausgaben- und Einnahmeposten konsequent und mit einer gewissen Systematik erfassten, lässt sich der Jahresgewinn leicht ermitteln. Für die Darstellung der Rechnung selbst ist eine Tabelle ausreichend (siehe Muster ab Seite 72).

■ *Alle Einnahmen und Ausgaben sollten im Laufe des Geschäftsjahres allerdings aufgezeichnet oder verbucht werden.* ■

Als Einnahmen-Überschussrechner haben Sie zudem den Vorteil, Gewinne zu einem späteren Zeitpunkt zu versteuern, als sie angefallen sind, was steuerliche Vorteile bringen kann. Wie das geht, erfahren Sie im folgenden Kapitel.

Achten Sie auf diese Regeln

Die Einnahmen-Überschussrechnung wird auch „einfache Buchführung" genannt. *Nomen est omen* – denn die Konzeption ist relativ unkompliziert. Bevor wir im nächsten Abschnitt in die Buchführung einsteigen, sollten Sie sich jedoch mit ein paar grundsätzlichen Regeln vertraut machen, damit Sie bei der praktischen Anwendung keine Fehler machen.

Bei der Einnahmen-Überschussrechnung kommt es im Wesentlichen auf drei Prinzipien an, die übrigens auch den Hauptunterschied zur doppelten Buchführung ausmachen.

Zunächst ganz einfach: Sie können bei der Gewinnermittlung den Überschuss der Betriebseinnahmen über die Betriebsausgaben ansetzen. Das bedeutet: Sie ziehen Ihre Ausgaben von den Einnahmen ab. Merken Sie sich also:

1 Einnahmen – Ausgaben = Gewinn/Verlust

So ist auch der Grundaufbau der Rechnung (vgl. Muster einer Einnahmen-Überschussrechnung auf Seite 72).

Die zweite Grundregel, die Sie bei der einfachen Buchführung fast immer beachten müssen:

2 Betriebseinnahmen sind zum faktischen Zeitpunkt der Zahlung zu versteuern (Zuflussprinzip).

Analog gilt für die Ausgaben:

3 Betriebsausgaben sind in dem Kalenderjahr abzusetzen, in dem sie geleistet worden sind (Abflussprinzip).

Allerdings gibt es wie überall auch beim Zufluss- und Abflussprinzip Ausnahmen. Merken Sie sich zunächst einfach:

4 Ausnahmen: Die 10-Tage-Regelung beachten!

Diese letzten drei Prinzipien wollen wir im Folgenden anhand von Beispielen näher erläutern.

Was besagt das Zuflussprinzip?

Anders als bei bilanzierenden Unternehmen geht es bei Einnahmen-Überschussrechnern nicht um *vereinbarte*, sondern *vereinnahmte* Entgelte. Das bedeutet nichts anderes, als dass ein Rechnungsbetrag erst dann als Umsatz gilt, wenn er auf Ihrem Konto eingegangen ist oder bar bezahlt wurde – und nicht wie bei bilanzierenden Unternehmen schon ab Rechnungsstellung. Somit ist die Einnahmen-Überschussrechnung – bis auf wenige Ausnahmen – eine *Geldrechnung.*

Beispiele

Sie stellen am 5.2.2007 eine Rechnung. Der Zahlungseingang auf dem Konto ist 7.3.2007. Dieses Datum ist der Zeitpunkt, zu dem Sie das Geld vereinnahmt haben und zu dem Sie den Betrag buchen müssen. Die Einnahme gehört damit ins Kalenderjahr 2007.

Ein Einzelauftrag ist abgeschlossen und Sie stellen am 14.12.2007 die dazu gehörige Rechnung, die Sie auch gleich an Ihren Auftraggeber schicken. Das Geld geht jedoch erst am 16. Januar 2008 auf Ihrem Konto ein. Diese Einnahme gehört nun steuertechnisch gesehen schon ins Jahr 2008, auch wenn das Rechnungsdatum noch im Jahr 2007 liegt und Sie Zeitaufwand und Kosten für den Auftrag schon im Jahr 2007 hatten.

Als eingegangen gilt der Betrag, wenn Sie die Verfügungsgewalt über das Geld haben (siehe auch Seite 57).

Was bedeutet Abflussprinzip?

Wie die Einnahmen werden auch die Ausgaben (Betriebsausgaben) zum Zeitpunkt der Zahlung versteuert. Das heißt: Sie werden auch in dem Jahr abgesetzt, in dem sie bezahlt wurden. Steuerbar sind sie also nicht unbedingt zu dem Zeitpunkt, als die Schuld entstanden ist.

Beispiel

Sie bestellen am 12.10.2007 eine Tischlampe für 200 €. Die Lampe wird am 12. Dezember geliefert, die Rechnung des Lampenvertriebs ist auf den 10.12.2007 ausgestellt. Sie zahlen die Lampe per Überweisung jedoch erst am 3.1.2008. Die Ausgabe gehört damit in das Jahr 2007.

Welchen Tag Sie genau erfassen müssen und weitere Hinweise zur praktischen Buchung erfahren Sie im Abschnitt „In die einfache Buchführung einsteigen".

Was besagt die 10-Tage-Regelung?

Kein Prinzip ohne Ausnahmen. Bei manchen Einnahmen wie Ausgaben gilt das Zu- und Abflussprinzip nicht. Und zwar bei solchen, die unter die so genannte 10-Tage-Regelung fallen. Hier müssen Sie beachten:

1 Zahlungen, die zwischen den 22.12. und den 10.1. des Folgejahres fallen

2 und die regelmäßig wiederkehren,

3 müssen Sie zum Zeitpunkt der Leistungserfüllung erfassen.

10-Tage-Regelung deswegen, weil sie die 10 letzten Tage des alten Wirtschaftsjahres und die 10 ersten Tage des neuen Wirtschaftsjahres betrifft. Regelmäßige Zahlungseingänge sind zum Beispiel Miete oder Pacht, nicht aber Honorare über gleiche Dienstleistungen bei unterschiedlichen Firmen. Aber die Zahlungen der kassenärztlichen Vereinigung etwa gehören dazu.

Beispiel: 10-Tage-Regelung Einnahmen
Sie vermieten in Ihrem Büro einen Raum an einen anderen Freiberufler. Die Miete für den laufenden Monat geht regelmäßig zum 28. des Vormonats auf Ihrem Konto ein. Der Zahlungseingang für die Januarmiete ist am 28. Dezember erfolgt. Somit müssen Sie die Einnahme buchungstechnisch auch erst für den Januar erfassen (z. B. zum 1.1.)

Aber auch regelmäßige Ausgaben, die in der 10-Tagefrist um den Jahreswechsel liegen, müssen jeweils dem Jahr zugeordnet werden, zu dem sie wirtschaftlich gehören. Daher müssen Sie zum Beispiel folgende Zahlungen zu dem Jahr rechnen, in dem die jeweilige Leistung erfolgt ist:

- Renten,
- Miete und Pacht,
- Zinsen,
- Gehälter und Löhne,
- Wasser-, Strom-, Müllgebühren.

Dabei spielt es übrigens keine Rolle, ob die Zahlungen unterschiedlich hoch sind, wie etwa bei den Stromgebühren.

Beispiele: 10-Tage-Regelung Ausgaben

Die Miete für Januar 2007 wurde am 29.12.2006 abgebucht. Diese Ausgabe gehört ins Jahr 2006. Die Telefonrechnung für Dezember 2006 ging am 11.1.2007 ein und wird am 20.1.07 abgebucht – diese Ausgabe gehört ins Jahr 2007.

Was ist mit Vorschüssen?

Abschließend noch ein paar Besonderheiten beim Zu- und Abflussprinzip, die bei Freiberuflern häufiger vorkommen:

- *Vorschüsse*: Erhalten Sie einen Vorschuss oder eine Abschlagszahlung – auch ohne Rechnung –, gilt das Zuflussprinzip. Beides ist zum Zahlungszeitpunkt zu versteuern – egal, ob Sie später eventuell Anteile davon zurückzahlen müssen.
- *Gestundete Einnahmen* sind entsprechend zu behandeln. Zahlt Ihr Schuldner nicht, weil Sie ihm Zahlungsaufschub gewährt haben, liegt auch keine Einnahme vor. Hatten Sie jedoch bereits die Möglichkeit, auf das Geld Ihres Schuldners zuzugreifen (z. B. per Scheckeinreichung) und haben dies nicht gleich getan, weil Sie den Betrag „stehen lassen" wollten, gilt der Betrag als zugeflossen! Denn der Zeitpunkt der Verfügungsgewalt ist entscheidend.

- *Zinsgutschriften:* Zinsen, die erst im Folgejahr auf ein Sparbuch eingetragen werden, gehören ins Vorjahr.

Achten Sie grundsätzlich auf regelmäßige Zahlungseingänge und -ausgänge um die Jahreswende, wie Miete, Telefon und Ähnliches. Sie gehören steuermäßig in das Jahr, in dem die Leistung erfolgte.

Sind Gewinnverschiebungen möglich?

An der Tatsache des Zu- und Abflussprinzips können Sie nichts ändern, wenn die Ein- bzw. Ausgabe nicht regelmäßig ist. Wenn Sie also eine ganz normale Honorareinnahme im Jahr 2007 haben, die Rechnung dazu aber bereits im Geschäftsjahr davor gestellt haben, zählt als Buchungsjahr das Jahr 2007. Ganz egal, ob der damit verbundene Aufwand im Jahr 2006 angefallen ist.

Das könnte den Vorteil haben, dass Sie Umsätze, die vor dem Jahreswechsel entstehen würden, bewusst ins nächste Jahr verschieben, etwa, indem Sie die Rechnungsstellung etwas verzögern oder Ihrem Kunden ein längeres Zahlungsziel einräumen. Je nach Ihrer Planung kann das zu einer besseren Verteilung der Gewinne auf die beiden betroffenen Jahre führen.

Beispiel

Anfang Dezember 2007 zeichnet sich ab, dass Ihr Gewinn im laufenden Jahr schon recht ordentlich ist. Es steht außerdem noch ein großer Auftrag vor dem Abschluss. Weil Sie für 2008 ohnehin höhere Kosten planen, erscheint es steuerlich günstiger, diesen Umsatz erst im nächsten Jahr einzufahren, damit der Gewinn in 2007 weniger hoch ist. Daher stellen Sie die Rechnung erst Anfang Januar 2008.

Die Gewinnverschiebung geht letztlich nur in eine Richtung, nämlich ins Folgejahr. Da es jedoch häufig auch Aufträge mit größerem Volumen gibt, die sich über lange Zeit hinziehen, ist es manchmal auch wünschenswert, das Entgelt dafür ebenfalls auf zwei Jahre zu verteilen. Dies lässt sich jedoch nur mit Abschlags- bzw. Teilzahlungen, die noch im alten Jahr eingefordert werden, lösen.

Auf der anderen Seite müssen Sie bedenken: Die Gewinnverschiebung bleibt eine Verschiebung. Es wird wieder zu einem Ausgleich kommen, wenn Sie mehrere Jahre betrachten – denn Zahlungen, die in einem Jahr nicht mehr eingingen, kommen dann eben im folgenden Jahr und erhöhen in dieser Periode den Umsatz.

Ergeben sich aus dem Zu- und Abflussprinzip Nachteile?

Das Zu- und Abflussprinzip kann einen Nachteil haben. Wenn erbrachte Leistungen und faktische Geldeinnahme in verschiedene Jahre fallen, kann es unter Umständen, wenn man das Jahresergebnis betrachtet, zu erheblichen Verzerrungen im Hinblick auf die Gewinnsituation kommen. Und: Aufwand und Ertrag – zum Beispiel für ein größeres Projekt – stehen sich nicht unbedingt im gleichen Jahr direkt gegenüber.

■ *Die Einnahmen-Überschussrechnung ist eine reine Ist-Rechnung. Eine klare zeitliche Zuordnung von Aufwand zu Ertrag leistet sie nicht.* ■

Wenn Sie diesen Nachteil vermeiden möchten, kann unter Umständen die Gewinnermittlung durch doppelte Buchführung für Sie die bessere Alternative sein.

In diesem Zusammenhang sollten Sie auch wissen, dass Sie als Freiberufler oder Gewerbetreibender bei der Einnahmen-Überschussrechnung an das Kalenderjahr gebunden sind. Ein abweichendes Wirtschaftsjahr, zum Beispiel vom 1.7. bis 30.6., wie es manche bilanzierende Unternehmen haben, ist nicht möglich.

Wann ist die doppelte Buchführung sinnvoller?

Sie können sich auch als Berechtigte/r der Einnahmen-Überschussrechnung für den Bestandsvergleich bzw. die doppelte Buchführung entscheiden – entweder von vornherein oder auch zu einem späteren Zeitpunkt. Bilanzierung und doppelte Buchhaltung sind sicher nur dann sinnvoll, wenn der Betrieb eine gewisse Größe hat. Für einen Einzelunternehmer, etwa eine Übersetzerin mit nur 20 Aufträgen im Jahr oder einen Unternehmensberater, der alleine arbeitet, wird sich dieser Aufwand kaum lohnen.

In einer Arztpraxis mit drei Angestellten oder einer Kanzlei mit mehreren Steuerfachgehilfen sieht die Sache schon etwas anders aus. Hier werden laufend Gehälter gezahlt, die betrieblichen Ausgaben sind viel höher und auch ganz anderer Natur als z. B. bei einem Einzelunternehmer, der mit relativ geringen Aufwendungen überwiegend geistige Leistungen zur Verfügung stellt. Die Bilanzierung kann dann sinnvoll sein, wenn Sie viel Vermögen in Ihren Betrieb einbringen (etwa mehrere Geschäftsautos, größere Computeranlagen) und am Ende eines jeden Geschäftsjahres eine genaue Auskunft darüber haben wollen, wie sich die Vermögenslage und Kapitallage im Gesamten gesehen verändert bzw. entwickelt hat.

Beispiel
Die Investitionen für eine Praxisausstattung (medizinische Technik/Geräte) oder Kanzlei (Büromöbel, mehrere Computer, Telefonanlagen etc.) sind wesentlich höher als die Einrichtung eines einfachen (Tele-)Arbeitsplatzes zu Hause oder in einer Bürogemeinschaft. Wer als Berater zusätzlich Software vertreibt, hat erst einmal einen erhöhten Aufwand für den Einkauf (oder die Herstellung) der Software.

Wenn Sie wie im letzten Fall neben ihrer freiberuflichen Tätigkeit zusätzlich ein Gewerbe betreiben, müssen Sie übrigens beide Tätigkeiten steuerlich getrennt behandeln, auch buchhalterisch. Dies geht nur dann nicht, wenn beide Tätigkeiten stark verflochten sind und sich gegenseitig bedingen. Dann wird die „gemischte Tätigkeit" wie ein einheitlicher Betrieb aufgefasst.

Nicht zuletzt hängt Ihre persönliche Entscheidung für die eine oder andere Gewinnermittlungsart davon ab, ob eine periodengerechte Gegenüberstellung von Erträgen und Aufwendungen für Sie sinnvoll ist – etwa, weil Sie lieber auf dieser Basis kalkulieren wollen.

Wir raten: Je komplexer die Strukturen Ihres Betriebs und je „unübersichtlicher" Ausgaben und Einnahmen für Sie werden, umso eher empfiehlt sich die doppelte Buchführung mit Bilanz. Auch wenn Sie planen, in Zukunft eine GmbH zu gründen, kann es sinnvoll sein, gleich die doppelte Buchführung zu wählen. Denn als GmbH *müssen* Sie Ihren Gewinn auf diese Weise ermitteln.

■ *Bilanzierung und doppelte Buchführung erfordern mehr Aufwand und damit höhere Kosten, z. B. beim Steuerberater.* ■

Die Buchführung organisieren

Was verlangt das Finanzamt von Ihnen? Wollen Sie Ihre Steuerangelegenheiten selbst in die Hand nehmen? Oder doch besser dem Steuerberater übertragen? Egal wie die Antwort ausfällt: Sie müssen Ihre Buchführung organisieren.

Welche Pflichten kommen auf Sie zu?

Wenn Sie die Einnahmen-Überschussrechnung als Gewinnermittlung wählen können und damit von der doppelten Buchführung befreit sind, heißt das nicht, dass sie gleichzeitig auch von anderen „kaufmännischen" Pflichten entlastet sind. Auch wenn der § 4 (3) EStG dies nicht ausdrücklich erwähnt, müssen Sie als Freiberufler ähnlichen Pflichten nachkommen wie andere selbstständige Unternehmer oder Unternehmen.

Im Folgenden wollen wir die wichtigsten Stationen sowie laufende Pflichten behandeln:

1. die Anmeldung beim Finanzamt,
2. die Aufzeichnungspflichten,
3. die Steuererklärungen
4. und die Pflichten sowie Fristen zur Aufbewahrung von Geschäftsunterlagen.

In einem eigenen Abschnitt lesen Sie im Einzelnen, was Sie tun müssen, wenn Sie umsatzsteuerpflichtig sind.

Der erste Schritt: Anmeldung beim Finanzamt

Wenn Sie Ihre Tätigkeit aufnehmen, ist Ihre erste Pflicht die Anmeldung beim Finanzamt. Hierbei legen Sie schon entscheidende Weichen für die spätere Gewinnermittlung und Steuererklärung.

Wer ein Gewerbe aufnimmt, muss bei der zuständigen Gewerbebehörde eine Gewerbeanmeldung einreichen. In der Regel erhalten Sie dann automatisch vom Finanzamt einen Betriebsanmeldebogen, den Sie ausgefüllt zurückschicken müssen. Darin werden persönliche Daten, die eventuell bereits vorhandene Steuernummer, bestimmte Daten über den Betrieb, geschätzter Umsatz und Gewinn, Beginn der unternehmerischen Tätigkeit, Zahl der Angestellten und anderes mehr abgefragt.

So mancher Freiberufler, der als Einzelunternehmer arbeitet, lässt das Finanzamt erst bei seiner ersten Einkommensteuererklärung wissen, dass er überhaupt Einkünfte aus selbstständiger/freiberuflicher Tätigkeit hatte. Das Gesetz allerdings schreibt hier ebenfalls eine Anmeldung vor, und zwar innerhalb der ersten 6 Wochen nach Aufnahme der Tätigkeit.

Und so gehen Sie vor: Sie rufen bei dem für Ihren Wohnort zuständigen Finanzamt an und sagen, Sie wollen eine freiberufliche Tätigkeit anmelden. Daraufhin bekommen Sie einen Betriebsanmeldebogen zugesendet, der entsprechend auszufüllen ist.

■ *Auch bei Übernahme eines anderen Betriebes oder einer neuen Tätigkeit müssen Sie den Betriebsanmeldebogen ausfüllen.* ■

Am Anfang müssen Sie schätzen

Uns interessieren auf dem Anmeldebogen v. a. die Felder, die steuerliche Konsequenzen haben: Dies sind die Angaben zum erwarteten Jahresumsatz und -gewinn. Hier müssen Sie schätzen, wie hoch Umsatz und Gewinn im ersten Kalenderjahr sein werden. Auf Grundlage dieser Angaben berechnet das Finanzamt dann, ob Sie eventuell Vorauszahlungen auf Einkommensteuer und Solidaritätszuschlag zahlen müssen. Diese Vorauszahlungen, die allerdings meist zu niedrig ausfallen, sind schon im ersten Jahr im Voraus an das Finanzamt zu entrichten.

■ *Die Vorauszahlungen werden in der Regel am 10. März, 10. Juni, 10. September und 10. Dezember fällig.* ■

Im Betriebsanmeldebogen ist der Gewinn vor Steuern gemeint – also rechnen Sie nicht mit einem vergleichbaren „Nettoeinkommen" eines Arbeitnehmers, sondern überschlagen Sie Ihre jährlichen Einnahmen oder Entgelte (zu erwartende Honorare, eventuelle Mieteinnahmen etc.) und ziehen Sie die voraussichtlichen laufenden betrieblichen Ausgaben sowie etwa ein Viertel der Beträge der unmittelbar anstehenden Investitionen (technische Ausrüstung, Büromöbel etc.) ab.

■ *Der Gewinn, den Sie angeben, kann negativ sein (nicht jedoch der Umsatz!), denn hohe Investitionen im ersten Jahr können durchaus zu einem Verlust führen.* ■

Zugegeben: Diese Schätzung ist nicht ganz leicht, zumal wenn man seine Tätigkeit gerade erst aufnimmt. Aber keine Sorge, auch wenn Sie weit daneben liegen, hat das keine Konsequenzen für Sie. Schätzen Sie lieber etwas zu niedrig, aber nicht allzu unrealistisch. Wenn Sie einen Businessplan für Ihre ersten Geschäftsjahre aufgestellt haben, können Sie ihn als Grundlage für die Angaben auf dem Betriebsbogen heranziehen.

Auf dem Bogen müssen Sie auch eintragen, ob Sie Umsatzsteuer erheben (müssen) oder nicht. Lesen Sie hierzu mehr im Kapitel „Rund um die Umsatzsteuer".

■ *Der Betriebsanmeldebogen ist auch deswegen wichtig, da das Finanzamt aufgrund seiner Auswertung festlegt, ob Sie als Freiberufler gelten oder als sonstiger Berechtigter die Einnahmen-Überschussrechnung machen können.* ■

Am besten laufend erledigen: Aufzeichnungspflichten

Auch bei der Einnahmen-Überschussrechnung sind Sie verpflichtet, Aufzeichnungen vorzunehmen, so dass der Gewinn/Verlust Ihrer selbstständigen Tätigkeit erklärbar wird. Sprich: Sie müssen Ihre betrieblichen Einnahmen wie Ausgaben dokumentieren.

- *Einnahmen:* Damit die Steuerberechnung eindeutig ist und im Zweifel Einnahmen wie Ausgaben überprüfbar sind, müssen alle Einnahmen, und zwar egal, ob sie sich aus der freiberuflichen Tätigkeit oder einer Nebentätigkeit ergeben oder nicht, nachvollziehbar aufgezeichnet werden (so bestimmt es der § 22 des Umsatzsteuergesetzes).
- *Ausgaben:* Auch die Ausgaben müssen so aufgezeichnet werden, dass sie ein sachverständiger Dritter nachvollziehen kann. Diese Pflicht ergibt sich schon daraus, dass Sie in der Lage sein müssen, Ihre Ausgaben auch beweisen zu können. Aber Achtung: Natürlich sind nur betrieblich veranlasste Ausgaben gemeint!

- *Bareinnahmen und -ausgaben:* Auch wenn kein so genanntes „Kassenbuch" geführt werden muss, müssen Sie zumindest alle baren geschäftlichen Bewegungen aufzeichnen, und zwar taggenau.
- *Aufzeichnung der nichtabzugsfähigen Betriebsausgaben* (§ 4 Abs. 5 EStG): Es gibt einige Betriebsausgaben, die von der Steuer nicht als abzugsfähig anerkannt werden und dennoch gesondert aufgezeichnet werden müssen, etwa bei (zu hohen) Bewirtungskosten oder zu hohen Kosten für Geschenke. Wenn Sie zum Beispiel einem guten Kunden zu Weihnachten eine Kiste Wein für 60 Euro schenken, dürfen Sie diese Ausgabe gar nicht als Betriebsausgabe absetzen, müssen Sie aber trotzdem aufzeichnen bzw. verbuchen. (Näheres dazu ab Seite 60).
- *Lohnkonten*: Als Arbeitgeber müssen Sie zudem für jeden Ihrer angestellten Mitarbeiter ein Lohnkonto führen.
- Schließlich müssen gewerbliche Unternehmer den *Wareneingang* in ein Wareneingangs- und den *Warenausgang* in ein Warenausgangsbuch eintragen.

Zur praktischen Vorgehensweise bei der Erfassung von Belegen – die die Grundlage der Geschäftsvorfälle sind – erfahren Sie gleich mehr (ab Seite 53). Zunächst noch zu anderen grundlegenden Pflichten.

Wie lange müssen Sie Unterlagen aufbewahren?

Sie müssen alle wichtigen und steuerlich relevanten Unterlagen aufheben. Sie dienen der Dokumentation und Beweissicherung aller Geschäftsvorfälle, etwa bei Betriebsprüfungen und Rechtsstreitigkeiten.

- Prinzipiell müssen Sie alle Bücher (dazu zählen etwa die so genannten „Journale" der Buchführung), Jahresabschlüsse, evtl. vorhandene Inventare und wichtige Organisationsunterlagen 10 Jahre aufbewahren. Für die Einnahmen-Überschussrechnung gilt dies ebenfalls.
- Der Gesetzgeber ist strenger geworden: Mussten vor dem 1.1.1999 Buchungsbelege nur 6 Jahre aufbewahrt werden, so gilt nun auch für sie eine Aufbewahrungspflicht von 10 Jahren. Also auch Ihre Belege und Aufzeichnungen über die Geschäftsvorfälle sind so lange aufzubewahren.
- Sonstige Unterlagen wie Geschäftsbriefe, sofern sie für die Besteuerung von Bedeutung sind, müssen Sie 6 Jahre aufbewahren.

Achtung: Die Aufbewahrungsfrist beginnt erst mit dem *Ende* des Kalenderjahrs, in dem der Buchungsbeleg oder das entsprechende Dokument entstanden ist.

Beispiele

Belege aus dem Jahr 2006 müssen Sie vom 1.1.2007 bis zum 31.12.2016 aufbewahren. Belege aus dem Jahr 1999 müssen Sie noch bis zum 31.12.2009 aufbewahren.

Bis auf die Abschlussrechnung dürfen Sie die Geschäftsunterlagen übrigens auch auf einem Bildträger oder elektronisch speichern (nach § 147 AO). Dabei müssen die Daten mit den Originalen übereinstimmen, jederzeit verfügbar sein und unverzüglich lesbar gemacht und auch maschinell ausgewertet werden können.

- *Achten Sie in jedem Fall darauf, dass Ihre Steuerunterlagen möglichst rasch für Prüf- und Beweiszwecke verfügbar sind.*

Damit das Finanzamt in laufenden Verfahren nicht plötzlich vor einem „Datenschwund" steht, verlängert sich die Frist von 10 bzw. 6 Jahren weiterhin, wenn die Unterlagen noch für laufende steuerliche Verfahren Relevanz haben. Dies gilt etwa für die Begründung von Anträgen, wenn gerade eine Betriebsprüfung stattfindet oder gar steuerstrafrechtlich ermittelt wird. Der Gesetzgeber hat die Aufbewahrungsfristen im Prinzip an die Festsetzung des Steuerbescheids gekoppelt, der vorläufig sein kann.

Und ganz zum Schluss – die Steuererklärung

Wie alle anderen Selbstständigen *muss* jeder Freiberufler und Gewerbeunternehmer für jedes Jahr eine Einkommensteuererklärung abgeben. Dafür müssen Sie Ihre Einkommensverhältnisse (per Gewinnermittlung und Darlegung des Vermögens etc.) offen legen. Zur Einkommensteuererklärung gehören:

- die Einnahmen-Überschussrechnung in der Anlage EÜR,
- Anlagen zur Einkommensteuererklärung für andere Einkunftsarten.

Die Fristen sind:

- Abgabe der Einkommensteuererklärung ohne Fristverlängerung: 5 Monate nach Ablauf des Kalenderjahres

- Abgabe mit Fristverlängerung: bis September des Folgejahres, womöglich noch weiter verlängerbar.

Außerdem wird eine abschließende Umsatzsteuererklärung nötig, wenn Ihre Einnahmen der Umsatzsteuer unterliegen (ab Seite 113). Hierzu sind Sie als Unternehmer/in verpflichtet.

Nach dem ersten Steuerbescheid

Nach der Bearbeitung Ihrer Erklärung zur Einkommensteuer erhalten Sie vom Finanzamt einen Bescheid über die Festsetzung der Steuer.

Hier erfahren Sie, wie viel Einkommensteuer und Solidaritätsbeitrag Sie für das betreffende Geschäftsjahr zahlen müssen (ein Kirchensteuerbescheid ergeht eventuell getrennt). Je nachdem, ob Sie zu viel oder zu wenig vorausbezahlt haben, fordert das Finanzamt auch den Restbetrag ein bzw. gleicht eine Überzahlung aus. Gleichzeitig passt es die Vorauszahlungen für das Folgejahr und/oder laufende Jahr an diesen Steuerbescheid an. Manchmal können auch „nachträgliche Vorauszahlungen" verlangt werden.

Beispiel: Steuervorauszahlungen

Die Einkommensteuererklärung für 2005 wurde erst im Jahr 2007 abgegeben bzw. vom Finanzamt bearbeitet. Mit der Festsetzung verlangt das Finanzamt nicht nur eine Anpassung an die Vorauszahlungen für 2007, sondern auch eine nachträgliche Anpassung an die bereits geleistete Vorauszahlung für das vergangene Jahr, also 2006.

Übrigens: Wenn ein „vorläufiger Bescheid" ergeht, heißt dies, dass die Festsetzung nicht endgültig ist und das Finanzamt noch Korrekturen vornehmen kann.

Selber machen oder zum Steuerberater?

Sind Ihre Kosten und Erlöse überschaubar, können Sie Ihre Buchführung und die Einnahmen-Überschussrechnung durchaus selbst erledigen – oder zumindest weitestgehend selbst vorbereiten. Besondere kaufmännische oder gar betriebswirtschaftliche Kenntnisse sind dafür nicht unbedingt Voraussetzung.

Mit ein wenig Einarbeitungszeit aber müssen Sie rechnen. Eine *Schulung* empfehlen wir vor allem dann, wenn Sie planen, auch die Gewinnermittlung regelmäßig selbst vorzunehmen.

■ *Wenn Sie sich einige betriebswirtschaftliche Kenntnisse aneignen, ist dies sicher auch im Hinblick auf Ihre unternehmerischen Aktivitäten nicht von Schaden.* ■

Wenn Sie sich dafür entscheiden, alles selbst zu machen, sollten Sie zumindest bei der ersten Steuererklärung Ihre Unterlagen von einem kompetenten Dritten prüfen lassen, bevor Sie sie beim Finanzamt einreichen.

■ *Bei Fragen, was Sie steuerlich geltend machen können, können Sie sich auch an Ihr Finanzamt wenden.* ■

Je komplexer der Betrieb, desto eher zum Steuerberater

Doch was tun, wenn Sie gar keine Ahnung von steuerlichen Dingen haben? Wenn Sie gar nicht wissen, was Sie zum Beispiel steuerlich absetzen können?

Wir können Ihnen zwar in diesem TaschenGuide ein paar Tipps zur Buchführung geben, aber keinen kompletten Kurs anbieten. Auch eine ausführliche Behandlung der steuerlichen Möglichkeiten würde den Rahmen des Themas sprengen. Daher ist in diesem Fall ein Beratungstermin bei einem Steuerberater zu empfehlen.

Ist Ihr Betrieb größer und komplexer, ist auch die einfache Buchführung sicher nicht mehr mit ein paar Stunden im Monat erledigt.

Die Frage, ob es sinnvoller ist, die (Finanz-) Buchhaltung selber zu verbuchen oder sie komplett einem Steuerberater bzw. einem anderen Dienstleister zur Verbuchung zu geben, muss daher gut überlegt sein.

■ *Was Sie für die Überschussrechnung nicht brauchen, sind Bilanzierungskenntnisse.* ■

Welche Voraussetzungen Sie erfüllen sollten, um die Verbuchung selbst vorzunehmen

In den letzten Jahren haben sich immer mehr Unternehmen entschlossen, die Finanzbuchhaltung selber zu verbuchen, um die oft hohen externen Kosten einzusparen. Die dafür auf dem Markt verfügbaren Programme sind sehr bequem in der Anwendung, Schulungen von Experten erleichtern den Einstieg in den sehr komplexen Bereich der Buchhaltung und des damit verbundenen Steuerrechts.

Zu einer professionellen Organisation der Buchhaltung gehört allerdings auch eine vernünftige Vorplanung mit Selbstkritik hinsichtlich der eigenen fachlichen Fähigkeiten, Kapazitäten und Kosten- bzw. Ertragsvorstellungen.

Fachliche Voraussetzungen

Die Vorplanung sollte in einem ersten Schritt klären, welche fachlichen Fähigkeiten beim Buchhalter gegeben sind. Gerade von Neueinsteigern werden die folgenden – sehr unterschiedlichen – ineinander übergreifenden Fachbereiche unterschätzt:

- Fundierte theoretische Fachkenntnisse in der Technik der Buchhaltung.

  Beispiel
  Wie werden Buchungssätze gebildet und Kontierungen vorgenommen? Wie stellt sich der Zusammenhang von Buchung und Auswirkung auf die Jahresergebnisse dar? Wie werden Konten eröffnet und abgeschlossen?

- Praktische Erfahrung in der Verbuchung anhand von Belegen.

  Beispiel
  Wie funktioniert die Verbuchung mit Automatikkonten und Schlüsselkonten unter Beachtung der Umsatzsteuer? Wie werden Rechnungen kontiert und abgelegt? Können Differenzen und Fehlermeldungen geklärt werden?

- Auswirkungen des Steuerrechts auf die Buchhaltung, insbesondere bei der Umsatzsteuer und bei der Einkommensteuer.

Beispiel
Wie müssen Vorsteuern bei Reisekosten und bei Bewirtungskosten behandelt werden? Wie sind die verschiedenen Abschreibungen zu behandeln? Wie nimmt man Umsatzsteuerverprobungen vor, um zu prüfen, ob die zu entrichtende Umsatzsteuer auch den Erlösen ohne Umsatzsteuer entspricht? Wie berechnet und verbucht man Privatanteile?

- Kenntnisse über die praktischen Zusammenhänge, um auch den Abschluss im Rahmen einer Einnahmen-Überschussrechnung vorbereiten oder erstellen zu können

Beispiel
Wie werden zu Beginn des neuen Jahres Jahresendsalden des Vorjahres in die Eröffnungswerte des aktuellen Jahres übernommen? Wie nimmt man eine Gesamtverprobung zwischen Buchhaltung und Abschluss der Einnahmen-Überschussrechnung vor?

Keine Frage: Erfüllen Sie diese fachlichen Voraussetzungen, ist es grundsätzlich möglich, die Buchhaltung selber zu erledigen. Sind einige Punkte nicht durchführbar, dann können Sie auch einen Teil selber machen. Der Rest muss dann von einem Steuerberater vorgenommen werden. Das führt natürlich doch wieder zu Kosten und mag unbefriedigend erscheinen.

Haben Sie so viel Zeit?

Doch entwickeln Sie lieber keinen falschen Ehrgeiz: Sowohl ein Buchungsproblem als auch falsch verbuchte Werte, etwa nicht berücksichtigte Umsatzsteuer, falsch berechnete Reisekosten oder sonstige Fehler, können Sie im Endeffekt viel Zeit kosten. Zeit, die Sie vielleicht anderweitig besser investieren. Das heißt: Auch die Frage nach den Kapazitäten müssen Sie sich stellen.

Wird die Finanzbuchhaltung von einem Familienmitglied oder einem Mitarbeiter erledigt, dann können Sie Ihre vollen Kapazitäten auf Ihre eigentliche Tätigkeit lenken. Dies ist schließlich auch Ihre Hauptaufgabe und wird sicherlich mehr Geld bringen als die Kostenersparnis durch eigene Bearbeitung der Buchhaltung.

Bei einem kleinen Unternehmen können Sie pro Woche mit zirka zwei Stunden Zeitaufwand rechnen für Fakturierung, Kontierung und Bearbeitung der Auswertungen; das ergibt pro Monat einen ganzen Tag.

Mittlere oder gar größere Unternehmen haben entsprechend mehr Aufwand und können schnell bei einigen Tagen pro Monat liegen.

Nur Kosten? Was für den Steuerberater spricht

Der Steuerberater verwendet das anerkannte, in der Praxis übliche Verfahren der Buchhaltung – die Finanzbuchhaltung (Fibu). Hierbei wird sichergestellt, dass die „Grundsätze ordnungsmäßiger Buchführung" (GOB) beachtet werden und alle Geschäftsvorfälle

- vollständig,
- richtig,
- zeitgerecht und
- geordnet

aufgezeichnet werden. Gebucht wird auf so genannten „Sachkonten". Diese Sachkonten folgen einer gewissen Logik und werden durch anerkannte Kontenrahmen vorgegeben. Solche Kontenrahmen hat etwa die Datev, die Genossenschaft der Steuerberater, entwickelt. Besprechen Sie mit Ihrem Steuerberater, welcher Kontenrahmen für Sie geeignet ist. In der Regel wird das der SKR 04 oder der SKR 03 der Datev sein.

Nachteilig bei der Bearbeitung der Buchhaltung in einer Steuerkanzlei sind zunächst einmal die relativ hohen Kosten, zum Zweiten auch die geringere zeitliche Flexibilität. Zudem hängt die Qualität der Daten von der jeweiligen Erfahrung der Sachbearbeiter ab, die die Belege verbuchen und den Jahresabschluss vorbereiten. So empfiehlt sich auch bei der Einnahmen-Überschussrechnung, einen für Freiberufler (oder für die entsprechende Branche) spezialisierten Berater einzuschalten.

Fachlich kompetent und aktuell informiert

Die Vorteile des Steuerberaters liegen in seiner recht hohen fachlichen Kompetenz in Steuerangelegenheiten. Jeder Steuerberater, jede Steuerberaterin ist nicht nur laufend über die Neuerungen im Steuerrecht informiert, sondern verfolgt auch die rechtlichen Entwicklungen. So dürfte jeder gut informierte Steuerberater schon vor der Verabschiedung der Unternehmenssteuerreform über die wesentlichen Auswirkungen Bescheid gewusst haben. Nicht selten schicken Steuerberater ihren Kunden auch Informationen über anstehende Änderungen zu.

Darüber hinaus verfügen Steuerberater immer über die aktuellsten steuerrechtlichen Tabellen, etwa die Afa-Tabellen (siehe Seite 65) oder Reisekostentabellen sowie entsprechende Fachliteratur.

Ein weiterer Vorteil: Ihr Steuerberater kennt Ihre ganzen steuerrechtlichen Möglichkeiten sehr gut. Er weist Sie auf steuerrechtlich für Sie günstige Regelungen hin, die Sie unter Umständen gar nicht kennen.

Zudem nicht unwichtig: Ein Steuerberater haftet

- für Fehler,
- für die Sicherheit
- und die Aktualität

der verarbeiteten Daten. Und die meisten Steuerberater sind als Mitglieder ihrer Genossenschaft, der Datev, mit den modernsten und leistungsfähigsten EDV-Programmen ausgestattet. Zudem sind sie über den Großrechner der Datev mit dem Finanzamt online verbunden und können schließlich auch auf die vielseitigen Angebote und innovative Dienstleistungen der Datev zurückgreifen.

Diese Kompetenz kostet Geld, kann sich aber am Jahresende rechnen, wenn der Steuerberater dann die Einnahmen-Überschussrechnung erstellt und nicht nur auf sichere Buchungsdaten zurückgreift, sondern auch Ihre Möglichkeiten optimal ausgeschöpft hat.

■ *Nicht zuletzt können Sie die Kosten für den Steuerberater immerhin auch steuerlich geltend machen.* ■

Die neue Betriebsprüfungsordnung verschont auch Freiberufler nicht

Ein weiteres Argument, das für den Steuerberater spricht, ist die neue Betriebsprüfungsordnung. Diese Vorschrift stellt nicht nur an die Belegverbuchung hohe Anforderungen, sondern erfordert auch eine überaus korrekte Beachtung sämtlicher steuerrechtlicher Vorschriften.

Gerade diejenigen Unternehmen, die eine Einnahmen-Überschussrechnung als einfache Variante der Ergebnisberechnung wählen, sollen nach der neuen Betriebsprüfungsordnung weit mehr in die Betriebsprüfungen mit einbezogen werden – denn der Staat benötigt jeden Euro an Steuern zur Konsolidierung seines Staatshaushalts. Das heißt: Sie als Freiberufler müssen jetzt stärker mit einer Betriebsprüfung rechnen.

In diesem Zusammenhang sollten Sie sich auch Gedanken darüber machen, wer im Unternehmen im Falle eines Falles mit dem Betriebsprüfer die Fachfragen und Problempunkte klärt. Sind Sie Einzelunternehmer und verbuchen Sie selbst mit eigenen Programmen, sind Sie grundsätzlich auf sich alleine gestellt. Wickeln Sie allerdings Ihre Buchhaltung über einen professionellen Dienstleister ab, wird Ihnen diese Arbeit weitgehend durch Fachleute abgenommen.

■ *Die Frage „selber machen oder zum Steuerberater bringen" lässt sich erst nach reiflicher Überlegung beantworten, da es in der Praxis nicht damit getan ist, ein paar Tasten in einem EDV-Programm zu drücken, um eine ordnungsgemäße Buchhaltung zu haben. Das Wissen ist entscheidend.* ■

Welche Vorteile hat die „Inhouse-Lösung"?

Sofern die Qualifikation stimmt, sind die Vorteile einer selbst erstellten Finanzbuchhaltung allerdings auch nicht zu unterschätzen. Nicht nur, dass Sie dadurch Kosten sparen, die für eine laufende Bearbeitung der Finanzbuchhaltung recht hoch sein können. Auch Ihre unternehmerische Flexibilität wird erhöht. Denn wenn Sie die Daten der Buchhaltung selbst in ein Programm eingeben (oder eingeben lassen), können Sie sich immer topaktuelle Zahlen ausdrucken lassen und prüfen, wie der Stand gerade ist, wie viel Gewinn Sie z. B. monatlich oder im Quartal eingefahren haben, wie hoch die Ausgaben monatlich sind etc.

Auf eines sollten Sie unbedingt achten: Bei einer Inhouse-Lösung ein sicheres Programm zu verwenden, welches laufend (durch Updates) den Gesetzesänderungen angepasst werden kann. Nicht zu unterschätzen sind auch der Service, die Bonität und die Qualifikation des Softwareanbieters, der auch in zukünftigen Jahren noch als sicherer Partner am Markt sein sollte.

Ein entscheidender Vorteil einer eigenen Lösung liegt auch darin, die Expansion des Unternehmens direkt im Unternehmen anhand der Belegorganisation umzusetzen. Stark expandierende Unternehmen können die Belegstruktur und das gesamte Ablagesystem sukzessive mitwachsen lassen, eine plötzliche Komplettumstellung bleibt erspart.

In die einfache Buchführung einsteigen

Geht die Buchführung auch ohne Programm? Wie verfahren Sie bei den Einnahmen? Worauf achten Sie bei den Ausgaben? Hier erfahren Sie, worum es grundlegend in einer Buchführung geht – vom Beleg bis zur Abschreibung.

Mit Programm buchen oder ohne?

Was bedeutet die Aufzeichnungspflicht für die Praxis? Dass Sie Ihre Belege und Geschäftsvorfälle übersichtlich, klar verständlich und geordnet irgendwo festhalten müssen – in einer „Buchhaltung". Sie können nun einfach Ihre Belege im Schuhkarton sammeln und irgendwann dem Steuerberater geben – auch eine Art von „Buchhaltung".

Sie können aber auch Einnahmen und Ausgaben in einer Tabelle aufzeichnen, zum Beispiel mit dem Programm Excel, und dann selbst die Gewinnermittlung vornehmen. In diesem Fall sollten Sie unbedingt die Checkliste auf Seite 70 beachten. Weiter unten haben wir hierzu auch ein Beispiel.

Buchen mit Programm

Praktischerweise lässt sich die Buchführung „inhouse" gerade bei der Einnahmen-Überschussrechnung mit einer einfachen Buchführungssoftware erledigen. Auch für das Führen von Lohnkonten gibt es geeignete Programme. Viele Softwareprogramme sind selbsterklärend und haben gute Hilfefunktionen sowie Handbücher.

Sie sollten darauf achten, dass die Programme durch regelmäßige Updates auf dem aktuellen rechtlichen Stand sind. Ein sehr verbreitetes Buchführungsprogramm ist „Lexware *buchhalter*". Es bietet eine Komplettlösung auch für die Einnahmen-Überschussrechnung. Man bucht dabei in eine etwas vereinfachte Maske – hier ist anstelle von „Soll" und „Haben" nur ein Sachkonto einzutragen und jeweils anzuklicken, ob es sich um eine „Ausgabe" oder „Einnahme" handelt. Das Programm bietet eine Umsatzsteuer-Automatik: Geben Sie etwa immer die Bruttobeträge ein, errechnet und verbucht es automatisch die Umsatzsteuer. Neben weiteren Auswertungen kann das Programm auch Umsatzsteuer-Voranmeldungen generieren. Wenn die Bedienung auch recht einfach ist, so erfordert „Lexware *buchhalter*" doch einige Vorkenntnisse, da die Menüs natürlich durch Fachbegriffe aus der Buchführung bezeichnet sind. Wer noch nie etwas von „Afa", „Konten" oder „Journal" gehört hat, findet Unterstützung in der Hilfefunktion oder im Handbuch, in dem die Buchführung erklärt wird.

Alternativen für alle, die es absolut einfach haben wollen, sind Shareware-Programme aus dem Internet. Hier empfiehlt es sich, Angebote und Rezensionen in Computer-Zeitschriften (bzw. auf deren Websites) zu studieren. Auf der Website der Zeitschrift *c't* etwa werden verschiedene kostenlose Programme angeboten, die in Artikeln rezensiert wurden. Zu Sharewareprogrammen kommt man auch über Suchmaschinen (z. B. bei Google) oder über einschlägige Online-Angebote wie www.heise.de/software.

Mit einem Buchführungsprogramm sind Sie auf der sicheren Seite. Es übernimmt automatisch die Gewinnermittlung sowie die Erstellung der Umsatzsteuerformulare. Zusätze wie ein Abschreibungsrechner sind hilfreich. Idealerweise sollten die Daten für die Datev bzw. den Steuerberater exportiert werden können. Sprechen Sie mit Ihrem Steuerberater über eine passende Lösung.

Geht es auch ohne Buchführungs-software?

Man kann Belegerfassung für die einfache Buchführung auch ohne Buchführungsprogramm machen. Das ist jedoch nur zu empfehlen, wenn

- die Einnahmen überschaubar sind,
- die Ausgabenpositionen wenig kompliziert sind und
- nur wenige „Buchungen" anfallen.

Ist man darüber hinaus nicht umsatzsteuerpflichtig, erleichtert das die Sache zusätzlich.

Es empfiehlt sich in diesem Fall, dass Sie Ihre Einnahmen und Ausgaben systematisch geordnet in einem Tabellenkalkulationsprogramm, etwa Excel, zusammenfassen. Erstellen Sie zwei Dateien oder zumindest zwei Tabellenblätter, eine für die Einnahmen, eine für die Ausgaben. Das Programm nimmt Ihnen dann das Zusammenrechnen ab.

In der Tabelle versehen Sie jede „Buchung" mit dem Datum (Zahlung) und einem Vermerk. Als Text geben Sie hier am besten die entsprechende Rechnungsnummer an, falls vorhanden, oder auch die Art der Leistung, den Kunden und/oder eine Belegnummer. Diese Angabe(n) sollten Sie auch auf dem Beleg vermerken, falls die Aufzeichnungen für das Finanzamt bestimmt sind.

Beispiel: Tabellarische Aufzeichnung Einnahmen
Die Journalistin Frederike Leupner trägt in eine Tabellenkalkulation ihre gesamten Einnahmen und die darauf entfallende Umsatzsteuer ein – geordnet nach Datum und getrennt nach Honoraren mit 19 % (bis 31.12.06 16 %) und 7 %. Darüber hinaus trägt sie in einer weiteren Spalte einen Vermerk ein, der die jeweilige Einnahme eindeutig einem Beleg zuordnet.

Belegerfassung 2007 – Einnahmen Frederike Leupner, Journalistin			
Einnahmen 19 % USt			
Datum	**Nettobetrag** in Euro	**Umsatzsteuer** in Euro	**Vermerk**
04.02.07	1 400,00	266,00	Re.-Nr. 1/07
11.02.07	800,00	152,00	Re.-Nr. 2/07
10.03.07	300,00	57,00	Re.-Nr. 3/07
...			
Einnahmen 7 % USt			
Datum	**Nettobetrag** in Euro	**Umsatzsteuer** in Euro	**Vermerk**
08.02.07	500,00	35,00	Artikelhonorar SZ
10.04.07	4 000,00	280,00	Buchhonorar
15.04.07	290,00	20,30	Honorar Verlag Z
...			

Bei den Ausgaben wird die Umsatzsteuer „Vorsteuer" genannt. So könnte demnach eine Tabelle mit den Ausgaben aussehen:

Beispiel: Tabellarische Aufzeichnung Ausgaben

Frederike Leupner trennt ihre Ausgaben nach verschiedenen Posten wie Porto, Büro, Bücher, Telefon, PKW, Reisekosten, Bewirtung, Geschenke, Fremdarbeiten (also Rechnungen von anderen Dienstleistern), etc. Hier ein Ausschnitt aus ihrer Belegerfassung:

Belegerfassung 2007 – Ausgaben Frederike Leupner, Journalistin			
Datum	**Nettobetrag** in Euro	**Vorsteuer** in Euro	**Vermerk**
		Telefon	
11.02.07	200,00	38,00	Festnetz
15.02.07	108,00	20,52	Mobiltelefon
...			
		Büro	
04.02.07	10,00	1,90	Datenträger
10.02.07	66,00	12,54	Fa. Zabel Re.-Nr. X
...			
		Bücher	
04.02.07	48,00	3,36	Fachbuch
10.02.07	98,00	15,68	Zeitschrift „PC"
...			
		Bewirtung	
03.03.07	38,00	7,22	Rico/Interv
14.03.07	45,00	8,55	Polo/Proj. X
...			
		Porto	
15.02.07	35,00	0,00	Postamt Mü
07.03.07	28,00	0,00	Postamt Mü
...			

Sie können gleichartige Belege auch gesammelt aufzeichnen bzw. buchen. Das heißt, Sie können Ausgaben der gleichen Art zusammenrechnen und in einem Posten zusammenfassen, zum Beispiel alle Porto-Beträge, alle Büromaterialposten etc.

Von den Belegen zu den Buchungen

Zur gut organisierten Buchführung gehört die Belegorganisation. Legen Sie sich dafür am besten verschiedene Ordner an. In den ersten kommen alle Belege, die noch nicht auf Ihrem Konto verbucht worden sind (die sog. „offenen Posten"), also Rechnungen an Ihre Kunden, die noch nicht bezahlt wurden, oder an Sie gestellte und noch nicht beglichene Rechnungen.

Der zweite Ordner ist dann für die Einnahmen bestimmt. Sobald eine Eingangsrechnung bezahlt wurde, kommt der Beleg hier hinein. Gewöhnen Sie sich an, dahinter auch gleich den entsprechenden Kontoauszug (eventuell in Kopie) abzuheften.

Im dritten Ordner „Ausgaben" schließlich legen Sie die Ausgabenbelege ab, also an Sie gestellte und bezahlte Rechnungen, ebenfalls mit dem entsprechenden Kontoauszug, sowie alle Quittungen Ihrer betrieblichen Barausgaben.

Bei Einnahmen ist die Sache einfach: Sie bewahren eine Kopie, besser noch zwei, der von Ihnen gestellten Rechnungen auf. Auf jede Rechnung, die Sie an Ihre Kunden gestellt haben, schreiben Sie nach Begleichung das Datum des Zahlungseingangs sowie den eingegangenen Betrag. Darunter können Sie noch Ihre Unterschrift oder Ihr Kürzel setzen. Dann behalten Sie von vornherein den Überblick, was wann zu buchen bzw. aufzuzeichnen ist (und Ihrem Steuerberater erleichtern Sie die Arbeit).

Bei Ausgaben müssen Sie vor allem bei der Aufbewahrung akribisch sein. Das Finanzamt erkennt Betriebsausgaben nämlich nur dann an, wenn Sie dafür auch einen Beleg nachweisen können. Sammeln Sie daher alle Quittungen und Fremdrechnungen und heben Sie sie sorgfältig auf. Sie müssen sie nicht sofort aufzeichnen, wichtig ist, dass Sie sie wiederfinden und klar zuordnen können. Auch hier vermerken Sie den Zahlungszeitpunkt auf dem Beleg, wenn es keine Barausgabe war.

Wenn Sie Ihre Belege einem Steuerberater geben, sollten Sie sie vorsortieren und möglichst chronologisch nach den verschiedenen Ausgabepositionen bzw. bei den Einnahmen nach dem Steuersatz ordnen. Auch hier nicht vergessen, den Zahlungszeitpunkt auf die Belege zu schreiben.

Wie muss der Beleg aussehen?

Auf Rechnungen und anderen Belegen muss die Umsatzsteuer eigens ausgewiesen sein. Allerdings nicht, wenn die Rechnungen bzw. Quittungen bis zu 150 € (bis 31.12.2006 100 €) betragen. Auf diesen Kleinbetragsrechnungen reicht die Angabe des Steuersatzes, etwa: „Im Betrag sind 19 % MWSt enthalten." Auf diesen Belegen muss auch nicht – wie sonst auf Rechnungen – Ihr Name und Ihre Anschrift stehen, wohl aber Name und Anschrift des liefernden Unternehmens. Für Rechnungen gelten seit 1.7.2004 neue Vorschriften (s. Checkliste S. 55).

■ *Achten Sie von vornherein darauf, dass Sie korrekte Belege erhalten, damit diese beim Finanzamt auch anerkannt werden.* ■

Bei Bewirtungskosten muss der Beleg mit einer Registrierkasse erstellt sein und ein Formular enthalten bzw. am Kassenbeleg muss ein entsprechendes Formular angeheftet sein. Der Kassenzettel muss genaue Angaben der verzehrten Speisen und Getränke enthalten. Auf dem Bewirtungskostenformular müssen Sie dann einige Felder ausfüllen:

- Name(n) der bewirteten Personen(en) (immer ausfüllen),
- Anlass der Bewirtung (auch immer),
- Höhe der Bewirtungskosten und Name und Adresse des Restaurants (nur falls aus Kassenbon nicht ersichtlich),
- Ihr Name und Datum (Tag der Bewirtung).
- Wichtig: Sie müssen den Beleg auch unterschreiben.

■ *Verlangen Sie nach einem Geschäftsessen immer eine Rechnung.* ■

Bei Reisekosten erstellen Sie eine Reisekostenabrechnung (Seite 62) und fügen die Belege bei. Bei Geschenken müssen Sie auf dem Beleg den Namen des oder der Beschenkten vermerken (s. u.)

Checkliste: Belegorganisation

■ Ist für jeden Buchungsvorgang ein Beleg vorhanden?	√
■ Enthalten Rechnungen: – den vollständigen Namen und die Anschrift des Rechnungsstellers und des Rechnungsempfängers, – die Steuernummer des Rechnungsstellers, – eine fortlaufende Rechnungsnummer, – das Rechnungsdatum und das Lieferdatum bzw. den Leistungszeitraum,	

– Menge und Artikelbezeichnung bzw. Art der Leistung, – den Preis der Waren bzw. der Dienstleistung, aufgeschlüsselt nach Steuersätzen, – Umsatzsteuerbetrag und Umsatzsteuersatz (7 % oder 19 %)?	
■ Haben Sie bei Bewirtungsbelegen das Formular ausgefüllt und unterschrieben?	
■ Steht auf den Geschenkbelegen der Name des Geschenk-Empfängers?	
■ Steht auf Kleinbetragsrechnungen der Umsatzsteuersatz und Name und Adresse des Ausstellers?	
■ Haben Sie auf jedem Beleg das Datum der Zahlung/des Zahlungseingangs vermerkt?	

Wie Sie Ihre Einnahmen buchen

Einnahmen trennen nach Umsatzsteuersätzen

Grundsätzlich gilt zunächst: Sie müssen die Einnahmen bzw. Erlöse aus Ihren Honoraren/Rechnungen und die jeweils darauf entfallende Umsatzsteuer getrennt erfassen. Zudem müssen Sie Erlöse, auf die 19 % (bis 31.12.2006 16 %) Umsatzsteuer entfallen, von Erlösen mit 7 % Umsatzsteuer oder umsatzsteuerfreien Erlösen strikt trennen.

Beispiel: Aufzeichnung Erlöse

Ein Belletristikautor veranstaltet an einer Buchakademie Workshops. Für seine Bücher erhält er Tantiemen von 50 000 € zzgl. 7 % Umsatzsteuer, für seine Workshops hat er Rechnungen über 20 000 € + 19 % Umsatzsteuer gestellt.

Autorenhonorare netto = Erlöse 7 %:	50 000 €
Beratungshonorare netto = Erlöse 19 %:	20 000 €
Vereinnahmte Umsatzsteuer 7 %:	3 500 €
Vereinnahmte Umsatzsteuer 19 %:	3 800 €

Welches Datum verbuchen Sie?

Gemäß des Zuflussprinzips buchen Sie:

- bei *Bareinnahmen* das Datum der Geldübergabe,
- bei *Schecks* das Datum, an dem der Betrag vom Konto abgeflossen ist,
- bei *Überweisung* ebenso das Datum des Abflusses vom Konto.

Was ist bei privater Nutzung zu beachten?

Wenn Sie einen Geschäftswagen oder ein Geschäftstelefon auch privat nutzen, so können Sie nicht die gesamten Kosten steuerlich geltend machen. Im Gegenteil: Was Sie hier privat verbrauchen, zählt wie eine „fiktive Lieferung gegen Entgelt" aus dem eigenen Unternehmen. „Privatanteile" oder „unentgeltliche Wertabgaben" heißen diese Posten in der Buchhaltersprache. Sie müssen extra gebucht und in der Einnahmen-Überschussrechnung ausgewiesen werden.

Die steuerliche Behandlung dieser fiktiven Lieferungen/Leistungen ist recht kompliziert. Daher seien an dieser Stelle nur einige wichtige Punkte angeschnitten (s. auch S. 79 ff.).

Die privaten Entnahmen unterliegen der **Umsatzsteuer**, wenn sie vorsteuerabzugsfähig sind. Das heißt: Sie müssen dafür wie ein Endverbraucher Umsatzsteuer zahlen.

Beispiel
Wenn Sie einen neuen Schreibtisch kaufen und diesen nach 2 Jahren für sich selbst nutzen, zählt diese „Entnahme" wie eine Einnahme (in Höhe des Restwerts). Die Einnahme ist zudem umsatzsteuerpflichtig, da Sie für den Schreibtisch Vorsteuer geltend machen konnten.

Beim **Telefon** müssen Sie bei Ihrem Geschäftstelefon *immer* einen „Privatanteil" ansetzen. Entweder Sie weisen genau nach, welche Kosten durch private Telefonate entstanden sind, oder Sie setzen eine Pauschale an. Rechnen Sie in diesem zweiten Fall aus, was für Sie günstiger ist:

- entweder jährlich pauschal 360 € + 19 % USt
- oder generell 30 % der Netto-Telefonkosten + 19 % USt.

Umgekehrt dürfen Sie aber auch vom Privatanschluss einen prozentualen Anteil der Telefonkosten als Betriebsausgaben geltend machen. Denn welcher Selbstständige führt nicht auch von zu Hause aus geschäftliche Telefonate?

Bei einem auch privat genutzten **Pkw** ist es empfehlenswert, ein Fahrtenbuch zu führen. Ansonsten wird, wenn das Fahrzeug nachweislich zu mehr als 50 % betrieblich genutzt wird, die private Mitbenutzung des Geschäftswagens pauschal erfasst (mit 1 % des bei Anschaffung gültigen Listenpreises pro genutzer Monat).

Wie Sie Ihre Ausgaben erfassen

Bei den betrieblichen Ausgaben müssen Sie ebenfalls Nettobetrag und Umsatzsteuer getrennt aufzeichnen. Die Umsatzsteuer wird als „Vorsteuer 19 %" bzw. „Vorsteuer 7 %" gebucht. Ist die Umsatzsteuer, etwa auf Quittungen bzw. Kleinbetragsrechnungen, nicht eigens als Betrag ausgewiesen, müssen Sie sie selbst herausrechnen, sofern der Umsatzsteuersatz dort ausgewiesen ist.

So errechnen Sie den Nettobetrag:

- 19 %: Nettobetrag = Bruttobetrag × 100 / 119
- 7 %: Nettobetrag = Bruttobetrag × 100 / 107

Wenn Sie den Nettobetrag vom Bruttobetrag abziehen, erhalten Sie die Vorsteuer.

Auf das Datum achten

Als Zeitpunkt der Ausgabe gilt nach dem Abflussprinzip der Zeitpunkt der Zahlung. Das bedeutet für die verschiedenen Zahlungsmöglichkeiten:

- *Bargeldzahlungen:* Der Zahlungstag ist der relevante Buchungstermin.
- *Überweisung/Abbuchung und Schecks:* Es zählt der Zeitpunkt des Eingangs bei der Bank Ihres Geschäftspartners (Lastschrifttag).
- *Zahlungseinzug/Kartenzahlung:* Auch hier zählt der Lastschrifttag.

Wollen Sie etwa eine Rechnung eines Dienstleisters verbuchen, zählt nicht das Rechnungsdatum, sondern das Datum Ihrer Überweisung.

Halten Sie beim Buchen immer Ihre Kontoauszüge parat. Aus ihnen können Sie unter der Spalte „Wert" das Datum der Geldzahlung entnehmen.

Besonderheiten bei den Ausgaben

Bei einigen Geschäftskosten müssen Sie auf Besonderheiten achten. Wir können Ihnen in diesem TaschenGuide keine umfangreichen Steuertipps geben, wollen aber einige Fälle aufgreifen, die unseres Erachtens bei Freiberuflern besonders häufig vorkommen. Dies sind:

- Arbeitszimmer,
- Bewirtungen,
- Geschäftsreisen und
- Geschenke.

Wenn Sie hier formale Fehler machen oder die Ausgaben zu hoch sind, erkennt der Fiskus die Ausgaben nicht an.

Miete und Arbeitszimmer

Arbeiten Sie zu Hause? Dann sind Ihre anteiligen Mietkosten für das Arbeitszimmer ab 1.1.2007 nur noch dann abzugsfähig, wenn dieses den Mittelpunkt der gesamten betrieblichen Betätigung bildet. Bis 31.12.2006 gilt: Wurde das Arbeitszimmer zu mehr als 50 % genutzt, können Sie die Kosten nur begrenzt (bis maximal 1 250 €) ansetzen. Das heißt: Wenn Sie z. B. über die Hälfte der Arbeitszeit an einem anderen Ort arbeiten, können Sie das Arbeitszimmer nicht geltend machen. Die Ausstattung für ein Arbeitszimmer, z. B. Büromöbel, können Sie jedoch in jedem Fall als Betriebskosten abziehen.

Beispiel

Frederike Leupner arbeitet 1 Tag in der Woche in einer Redaktion, sonst zu Hause. Damit kann sie ihr Arbeitszimmer ab 1.1.2007 auch nicht mehr teilweise absetzen. Auch der Arzt Hans Müller kann, da er täglich in der Praxis ist, zu Hause kein Arbeitszimmer geltend machen.

Kosten für Praxis-, Kanzlei- und Büroräume können Sie vollständig (Mietkosten, Mietnebenkosten) geltend machen.

Bewirtung – nicht alles ist abzugsfähig

Der Staat ist bei Geschäftsessen nicht mehr großzügig. Nicht nur, dass eine Bewirtungsrechnung maschinell erstellt sein muss, das Finanzamt erkennt auch nur 70 % der Ausgaben als betriebliche Ausgabe an, sofern diese auch angemessen sind.

Von den angemessenen Bewirtungskosten müssen Sie 30 % abziehen. Diese erscheinen zunächst gesondert unter den Ausgaben, werden dann später in der Einnahmen-Überschussrechnung jedoch wieder hinzugerechnet.

Beispiel

Ihre Bewirtungskosten belaufen sich auf 500 € netto. Nehmen wir an, die USt lag immer bei 19 %. Sie zeichnen bei den Ausgaben auf:

Bewirtung 70 %:	350,00 €
Vorsteuer 19 %:	66,50 €
Bewirtung 30 %:	150,00 €

(nicht abzugsfähige Betriebsausgabe)

Später rechnen Sie die Posten „Bewirtung 30 %" wieder hinzu wie eine Einnahme.

Geschenke – bleiben Sie bescheiden

Verschenken Sie keine teuren Dinge an Ihre Geschäftspartner – denn wenn ein oder mehrere Geschenke für ein und dieselbe Person mehr kosten als 35 €, können Sie diese Ausgaben gar nicht abziehen. Und: Sie dürfen pro beschenkter Person insgesamt in einem Jahr nicht über diese Grenze kommen.

Beispiel

Peter Petersen verschenkt an seinen Geschäftspartner Hans Wagner zu Weihnachten Wein für 30 €. Diese Ausgabe darf er absetzen. Hätte er Herrn Wagner zusätzlich zu seinem Geburtstag noch ein Geschenk über 10 € gemacht, würde das Finanzamt beide Ausgaben nicht anerkennen, denn dann läge er insgesamt über dem Höchstsatz von 35 €.

In der Einnahmen-Überschussrechnung müssen aber auch die Geschenke über die Höchstgrenzen ersichtlich sein.

Reisekosten – rechnen Sie genau ab

Sie wollen natürlich auch Ihre Geschäftsreisen absetzen. Hier ist der Fiskus auch nicht sonderlich großzügig. Reisekosten können Sie prinzipiell nur dann ansetzen, wenn die Reise auch wirklich geschäftlich verursacht war. Sie müssen daher einen Grund angeben. War sie *auch* privat, muss dieser Aspekt untergeordnet sein.

Bei den Reisekosten können Sie Pauschalen für „Verpflegungsmehraufwand" geltend machen. Sie können zum Beispiel für Inlandsreisen folgende Pauschalen abrechnen:

- pro ganzen Tag (24 Stunden abwesend): € 24
- zwischen 24 und 14 Stunden: € 12
- weniger als 14, aber mindestens 8 Stunden: € 6

Essen Sie auf einer Reise allein im Restaurant, ist dies nicht eigens abzugsfähig. Die Fahrtkosten hingegen sind voll abzugsfähig, auch die Übernachtungskosten, vorausgesetzt, es steht kein Frühstück mit auf der Rechnung. Denn dieses ist ja „Verpflegung" und damit mit der Pauschale abgedeckt. Es muss daher aus der Hotelrechnung, ebenso wie Verzehr aus der Minibar, herausgerechnet werden. Bei Hotelrechnungen inkl. Frühstück müssen Sie den Beleg um 4,50 € kürzen. Taxikosten und weitere Ausgaben (Messeeintrittskarten etc.) sind voll abzugsfähig.

Beispiel: Absetzbare Reisekosten

Frederike Leupner fährt mit der Bahn nach Hamburg, um 2 Interviews zu führen. Ihre Reise beginnt am 1.3. um 7 Uhr morgens und Sie kommt am 3.3. um 22 Uhr abends zurück. Obwohl Sie fast 3 Tage unterwegs war, kann sie nur wie folgt abrechnen:

Hin- und Rückfahrt München-Hamburg, DB, 2. Klasse:	€	200
1 Tag 24 Stunden	€	24
2 Tage über 14 Stunden à € 12	€	24
Hotel-Übernachtungen ohne Frühstück	€	200
2 Fahrten Nahverkehr	€	4
2 Taxifahrten	€	20
Gesamt	€	472

- *Verwenden Sie für Ihre Reisekostenabrechnungen vorgedruckte Formulare.*

Wie ist das mit den Abschreibungen?

Ein besonderer Posten im Rahmen der Betriebsausgaben sind die Abschreibungen. Sie sind zwar als Betriebsausgaben ausgewiesen, eine Zahlung stellen sie aber nicht dar. Abschreibungen sind nur fiktive Betriebsausgaben, die Zahlung ist bereits bei der Anschaffung erfolgt. Haben Sie eine Finanzbuchhaltung, gibt es dafür eigene Konten. Die Abschreibungen müssen in den Anhängen der Einnahmen-Überschussrechnung (Kapitel „Die Einnahmen-Überschussrechnung unter der Lupe“) erscheinen.

Beispiel

Peter Petersen schaffte sich am 02.01.2005 einen Firmen-Pkw für netto 30 000 € zuzüglich 16 % Umsatzsteuer an. Die Zahlung erfolgte am 03.01.2005. Doch „abgeschrieben“ wird insgesamt über 6 Jahre.

Abschreibung bedeutet, die Anschaffungskosten für ein Anlagegut über die Nutzungsjahre zu verteilen. Bei dem Pkw von Peter Petersen werden also jährlich 5 000 € als Abschreibungen erfasst.

Doch woher wissen Sie eigentlich, wie lange es dauert, bis Sie zum Beispiel Ihren Bürostuhl, Ihren Firmenwagen oder sonstige Anlagegüter abgeschrieben haben?

Die neuen Abschreibungsfristen

Anfang des Jahres 2001 hat die Bundesregierung die letzten Abschreibungstabellen eingeführt. Sie gelten für Wirtschaftsgüter, die ab dem Jahr 2001 angeschafft oder hergestellt wurden. Darin wird die Nutzungsdauer um durchschnittlich etwa 30 % verlängert. Ziel ist ganz klar, höhere Steuereinnahmen zu erzielen – denn dadurch verringern sich grundsätzlich die Abschreibungen, erhöhen sich die Gewinne und damit die Steuern. In der folgenden Übersicht finden Sie die Nutzungsdauer einiger wichtiger Gegenstände.

Die neue Steuerabschreibungstabelle (Auszug)
Gültig für alle Anlagegüter, die nach dem 31.12.2000 angeschafft oder hergestellt worden sind.

Anlagegut	Jahre	Anlagegut	Jahre
Aktenvernichter	8	Kartenleser	7
Alarmanlagen	11	Kopiergeräte	7
Anhänger	11	Kunstwerke*)	15
Autotelefone	5	Ladeneinrichtungen	8
Bildschirme	3	Notebooks/Laptops	3
Büromöbel	13	Lichtreklame	9
Computer (PC)	3	Luftschiffe	8
Drucker	3	Messgeräte	8
Faxgeräte	6	Messestände	6
Telefonanlagen	10	Mikroskope	13
Film- und Fotogeräte	7	Monitore	7
Frankiermaschinen	8	Overhead-Projektoren	8
Geschirrspülmaschine	5	Pkw	6
Großrechner	7	Schreibmaschinen	9
Handy	5	Tresore	23

*) nicht: Werke anerkannter Künstler

■ *Die Steuerabschreibungstabelle können Sie im Internet unter der Adresse des Bundesfinanzministeriums (www.bmf.de) abrufen.* ■

Wie wird abgeschrieben?

Die Abschreibungen sind im Einkommensteuergesetz geregelt (§ 7 EStG). Lassen Sie sich über die Möglichkeiten von Ihrem Steuerberater aufklären. Hier nur die wichtigsten Methoden, die Sie durchaus selbst anwenden können:

Entweder Sie schreiben *linear* ab, dann verteilen Sie die Anschaffungskosten gleichmäßig auf die Jahre in der Abschreibungstabelle: Abschreibungswert geteilt durch Jahre.

Oder Sie schreiben *degressiv* ab: Sie ziehen immer einen festen Prozentsatz des momentanen Werts ab: im 1. Jahr 20 % des Anschaffungswerts, im folgenden Jahr 20 % des Restwerts, im folgenden Jahr wieder 20 % des Restwerts usw. Dann sind die Abschreibungen anfangs höher, später geringer. Dieser Satz darf höchstens das Doppelte (bis 31.12.2000 max. das dreifache) des linearen Satzes, jedoch nie mehr als 30 % (vor dem 1.1.2006 20 %) betragen.

Beispiele

Peter Petersen schreibt einen PC, angeschafft am 4.3.2005, Nutzungsdauer über 3 Jahre, linear ab. Bei Anschaffungskosten von 1 500 € sind das jeweils 500 € jährlich. Eine degressive Abschreibung wäre hier sinnlos, da Petersen ohnehin schon 33,3 % jährlich abschreiben kann.

Bei einer Ladeneinrichtung über 2 400 €, die über 8 Jahre abgeschrieben wird, lohnt sich hingegen, zunächst degressiv abzuschreiben, will man z. B. in den ersten Jahren höhere Abschreibungen:

linear:	2 400 / 8 = 12,5 = Abschreibung jährlich 300 €
degressiv:	1. Jahr 30 % Abschreibung = 720 €
	2. Jahr 30 % Abschreibung vom Restwert 1 680 € = 504 €
	etc.

Wie können Sie die Abschreibungen darstellen?

Das Finanzamt verlangt eine Darstellung der Abschreibungen. Wenn Sie nur wenig Anlagegegenstände haben, können Sie selbst eine Übersicht erstellen, aus der die einzelnen Gegenstände mit abgeschriebenen Beträgen und Restwert hervorgehen. Auf jeden Fall müssen Sie das Anschaffungsdatum, den Preis, den Prozentsatz, zu dem abgeschrieben wird, sowie die Art der Abschreibung (linear oder degressiv) und natürlich die entsprechenden Werte angeben. Was neu in dem betreffenden Wirtschaftsjahr hinzugekommen ist, vermerken Sie unter „Zugang", was aus dem Betriebsvermögen abging (z. B. durch Verkauf) unter „Abgang".

Beispiel: Einfache Abschreibungsübersicht

Die Journalistin Frederike Leupner hat im Jahr 2007 lediglich einige Büromöbel, einen PC und einen PKW abzuschreiben.

Gegenstand	Anschaffung		Wert zum 01.01.2007	Zugang	Abgang	Abschreibung			Wert zum 31.12.2007
	Jahr	€	€	€	€	Art	%	€	€
Schreibtisch	2005	500	300			linear	20**)	100	200
PC Pentium	2006	1 200	800			linear	33 1/3	400	400
Regal	01/07	1 000		1 000		linear	20**)	200	800
PKW	02/07	18 000		18 000		linear	16 2/3	3 000	15 000
			1 100	18 000				3 700	16 400

**) nach § 7 Abs. 1 EStG

Die Beträge der Abschreibungen (vorletzte Spalte) tragen Sie dann in die Einnahmen-Überschussrechnung ein.

GWG – das können Sie sofort abschreiben

Bei manchen Anschaffungen sieht der Fiskus eine steuerliche Erleichterung vor: bei Anlagegütern mit einem geringen Wert. Als geringwertige Wirtschaftsgüter (GWG) bezeichnet man Anlagegüter mit Anschaffungskosten bis netto 410 €, welche über ein Jahr im Unternehmen genutzt werden und darüber hinaus die folgenden drei Voraussetzungen erfüllen müssen:

- Abnutzbarkeit,
- selbstständige Nutzbarkeit,
- Beweglichkeit.

Der Vorteil der GWGs besteht darin, dass sie im Jahr der Anschaffung oder Herstellung voll abgeschrieben werden können. Sie müssen also keine über die Jahre verteilte Abschreibung vornehmen (Wahlrecht). Dadurch vermindert sich der Gewinn in diesem Jahr auch um die volle Höhe der entstandenen Kosten.

Beispiel

Sie kaufen am 10.3.2007 ein Faxgerät zum Gesamtpreis von 476 € (inkl. 19 % USt = 76 €). Den Nettobetrag von 400 € können Sie noch im Jahr der Anschaffung in voller Höhe absetzen.

Was heißt „selbstständig nutzungsfähig"?

Leider erkennt der Fiskus nur solche Güter als GWGs an, die „selbstständig nutzungsfähig" sind. Das heißt: Ein neuer Bildschirm etwa zählt nicht zu den geringwertigen Wirtschaftsgütern, ebenso wenig wie eine Tastatur oder Maus, auch wenn beide Geräte preislich weit unter der Grenze liegen. Alle drei sind klassisches Zubehör, funktionieren nicht ohne den Computer und sind technisch auf ihn und aufeinander abgestimmt.

Beispiel: GWG oder Zubehör?
GWGs sind: die Gesetzes-Bibliothek eines Rechtsanwalts, (bewegliche) Lampen, das Instrumentarium eines Arztes, Bürostuhl, Schreibtisch, ein Regal als Ganzes, Rollcontainer, Faxgerät etc.

Hingegen sind etwa Regal- oder Schreibtischteile, Leuchtstoffröhren (Beleuchtungsanlage), Drucker für den PC oder ein Zusatzelement zum Einbauschrank nicht selbstständig nutzungsfähig. 5 Regale à 250 €, die nur zusammen aufgebaut werden können, sind also keine GWGs mehr.

Eine Ausnahme bilden Computerprogramme, deren Anschaffungskosten nicht mehr als 410 € betragen. Sie werden steuerrechtlich als „Trivialprogramme" und wie ein GWG eingestuft – obwohl sie nicht ohne PC nutzbar sind.

■ *Anschaffungen, die technisch nicht aufeinander abgestimmt sind, sind in jedem Fall selbstständig nutzungsfähig (z. B. Flachpaletten zur Lagerung von Waren).* ■

Wenn Sie natürlich einen kompletten gebrauchten PC für unter 410 € anschaffen, können Sie den Betrag sofort abschreiben.

■ *Achtung: Die GWGs müssen Sie getrennt aufzeichnen.* ■

Checkliste: Einnahmen und Ausgaben richtig erfassen

■ Erfassen Sie die Geschäftsvorfälle in ihrer zeitlichen Reihenfolge.	√
■ Trennen Sie Einnahmen und Ausgaben.	
■ Trennen Sie bei den Einnahmen die Erlöse mit 7 % Umsatzsteuer von den Erlösen mit 19 % Umsatzsteuer.	
■ Erfassen Sie bei Einnahmen Nettobetrag und vereinnahmte Umsatzsteuer getrennt.	
■ Trennen Sie bei Ausgaben Nettobetrag und Vorsteuer.	
■ Unterteilen Sie die Ausgaben nach ihrer Art, also z. B. – Porto, – Telefon, – Kfz-Kosten, – Büromaterial, – Reisekosten, – Werbekosten, – Raumkosten/Miete, – Geschenke bis 35 € – Geschenke über 35 € – Zinsen für betriebliche Darlehen.	
■ Als Buchungsdatum gilt der Tag der Geldeingangs/ Geldausgangs („Wert“ auf dem Kontoauszug).	
■ Bei regelmäßigen Geschäftsfällen: auf 10-Tage-Regelung achten.	
■ Anschaffungen (Anlagevermögen) bis 410 € als GWG gesondert erfassen.	
■ Private Nutzung von Pkw, Telefon etc. gehören als fiktive Lieferungen/Leistungen (unentgeltliche Wertabgaben) zu den Einnahmen.	

Die Einnahmen-Überschussrechnung unter der Lupe

Wie sieht die Gewinnermittlung nun im Detail aus? Wie wird sie aufgebaut? Was können Sie aus Ihrer Einnahmen-Überschussrechnung lesen? Und an welchen Zahlen ist zum Beispiel eine Bank interessiert?

Die Anlage EÜR – das müssen Sie ausfüllen

Seit 2005 wird die Gewinnermittlung in einem eigenen Formular erstellt, das der Einkommensteuererklärung beizufügen ist. Den Vordruck „Einnahmenüberschussrechnung – Anlage EÜR" können Sie als PDF-Dokument bei den Online-Angeboten vieler Finanzämter oder direkt beim Bun-desfinanzministerium (*www.bundesfinanzministerium.de*, im Service-Bereich unter „Formulare") herunterladen. Entweder drucken Sie sich das Formular aus oder füllen es direkt am Computer aus.

Das vierseitige Formular gliedert sich in die Bereiche

- Gewinnermittlung: Betriebseinnahmen, Betriebsausgaben, Gewinn/Verlust (ab S. 73 ff.) und
- „Ergänzende Angaben", die relevant sind, wenn Sie Rücklagen und Ansparabschreibungen gebildet oder Entnahmen und Einlagen getätigt haben (s. S. 90 f.).
- Im Kopf der ersten Seite müssen Sie schließlich Name, Steuernummer und Art des Betriebs ausfüllen.

■ *Kleinstunternehmen, die nicht mehr als 17 500 Euro Einnahmen haben und bestimmte Vereine können weiterhin eine formlose Gewinnermittlung abgeben. Letztlich sollten aber auch darin verschiedene Einnahmen (etwa umsatzsteuerfreie und umsatzsteuerpflichtige) und Ausgaben (etwa Entnahmen, Geschenke etc.) getrennt aufgelistet sein.* ■

9915

11	Steuernummer	77	Zeitraum 05	Nr. des Betriebes (lfd. Nr.)
Zuordnung Anlage EÜR zu GSE/L 105			Gewerbekennzahl 110	

Einnahmenüberschussrechnung – Anlage EÜR

(Gewinnermittlung nach § 4 Abs. 3 EStG) für das **Kalenderjahr 05** bzw. **Wirtschaftsjahr 05/06**

Bitte für jeden Betrieb eine gesonderte Anlage EÜR einreichen!

Steuernummer	Name
Art des Betriebs	100

Erläuterung zu den nachfolgenden Bereichen

1. Gewinnermittlung (Zeilen 1 – 57)	Diese Gewinnermittlung ist von Gewerbetreibenden, selbstständig Tätigen, Land- und Forstwirten sowie Körperschaften, Personenvereinigungen und Vermögensmassen auszufüllen.
2. Ergänzende Angaben (Zeilen 58 – 67)	Bitte **nur** ausfüllen, wenn - Rücklagen/Ansparabschreibungen gebildet oder aufgelöst werden. - Schuldzinsen als Betriebsausgaben geltend gemacht werden.

1. Gewinnermittlung

9920

				Euro | Ct
1	**Betriebseinnahmen**			
	Betriebseinnahmen als umsatzsteuerlicher **Kleinunternehmer** *(weiter ab Zeile 8)*		111	
2	Davon aus Umsätzen, die in § 19 Abs. 3 Nr. 1 und Nr. 2 UStG bezeichnet sind	119		
3	Betriebseinnahmen als **Land- und Forstwirt**, soweit die Durchschnittssatzbesteuerung nach § 24 UStG angewandt wird		104	
4	Umsatzsteuerpflichtige Betriebseinnahmen		112	
5	Umsatzsteuerfreie, nicht umsatzsteuerbare Betriebseinnahmen sowie Betriebseinnahmen, für die der Leistungsempfänger die Umsatzsteuer nach § 13 b UStG schuldet		103	
6	Vereinnahmte Umsatzsteuer sowie Umsatzsteuer auf unentgeltliche Wertabgaben		140	
7	Vom Finanzamt erstattete und ggf. verrechnete Umsatzsteuer		141	
8	Veräußerung oder Entnahme von Anlagevermögen		102	
9	Private Kfz-Nutzung		106	
10	Sonstige Sach-, Nutzungs- und Leistungsentnahmen (z.B. private Telefonnutzung)		108	
11	Auflösung von Rücklagen und/oder Ansparabschreibungen (Übertrag von Zeile 63)			0 | 00
12	**Summe Betriebseinnahmen**		159	0 | 00

Steuernummer:

9925

13	**Betriebsausgaben**		Euro | Ct
14	Betriebsausgabenpauschale **für bestimmte Berufsgruppen** bzw. Freibetrag nach § 3 Nr. 26 EStG *(weiter ab Zeile 53)*	190	
15	Sachliche Bebauungskostenpauschale/Betriebsausgabenpauschale für **Land- und Forstwirte**	191	
16	Waren, Rohstoffe und Hilfsstoffe einschl. der Nebenkosten	100	
17	Bezogene Leistungen (z.B. Fremdleistungen)	110	
18	Ausgaben für eigenes Personal (z.B. Gehälter, Löhne und Versicherungsbeiträge)	120	
19	Absetzungen für Abnutzung (AfA) auf unbewegliche Wirtschaftsgüter (ohne AfA für das häusliche Arbeitszimmer)	136	
20	AfA auf immaterielle Wirtschaftsgüter (z.B. erworbene Firmen- oder Praxiswerte)	131	
21	AfA auf bewegliche Wirtschaftsgüter (z.B. Maschinen, Kfz)	130	
22	Sonderabschreibungen nach § 7g Abs. 1 und 2 EStG	134	
23	Aufwendungen für geringwertige Wirtschaftsgüter	132	
24	Restbuchwert der im Kalenderjahr/Wirtschaftsjahr ausgeschiedenen Anlagegüter	135	
25	Kraftfahrzeugkosten und andere Fahrtkosten		
26	Laufende und feste Kosten (ohne AfA und Zinsen) — 140		
27	Enthaltene Kosten aus Zeilen 21, 26 und 37 für Wege zwischen Wohnung und Betriebsstätte - 142		
28	**Verbleibender Betrag →**	143	0 | 00
29	Abziehbare Aufwendungen für Wege zwischen Wohnung und Betriebsstätte	176	
30	Raumkosten und sonstige Grundstücksaufwendungen		
31	Abziehbare Aufwendungen für ein häusliches Arbeitszimmer (einschl. AfA und Schuldzinsen)	172	
32	Miete/Pacht für Geschäftsräume und betrieblich genutzte Grundstücke	150	
33	Aufwendungen für betrieblich genutzte Grundstücke (ohne Schuldzinsen und AfA)	151	
34	**Übertrag (Summe Zeilen 14 – 33)**		0 | 00

Steuernummer:

Zeile		nicht abziehbar (Euro | Ct)	abziehbar (Euro | Ct)	Euro | Ct
35	**Übertrag aus Zeile 34:**			0 | 00
36	Schuldzinsen (§ 4 Abs. 4a EStG)			
37	Finanzierung von Anschaffungs-/Herstellungskosten von Wirtschaftsgütern des Anlagevermögens		178	
38	Übrige Schuldzinsen	167	179	
39	Übrige beschränkt abziehbare Betriebsausgaben (§ 4 Abs. 5 EStG)			
40	Geschenke	164	174	
41	Bewirtung	165	175	
42	Reisekosten, Aufwendungen für doppelte Haushaltsführung		173	
43	Sonstige (z.B. Geldbußen, Repräsentationskosten)	168	177	
44			Summe Zeilen 37 – 43 (abziehbar) →	0 | 00
45	Sonstige unbeschränkt abziehbare Betriebsausgaben für			
46	Porto, Telefon, Büromaterial			192
47	Fortbildung, Fachliteratur			193
48	Rechts- und Steuerberatung, Buchführung			194
49	Übrige Betriebsausgaben			183
50	Gezahlte Vorsteuerbeträge			185
51	An das Finanzamt gezahlte und ggf. verrechnete Umsatzsteuer			186
52	Bildung von Rücklagen und/oder Ansparabschreibungen (Übertrag von Zeile 63)			0 | 00
53	**Summe Betriebsausgaben**			199 0 | 00
54	**Ermittlung des Gewinns**			
55	Summe der Betriebseinnahmen (Übertrag aus Zeile 12)			0 | 00
56	abzüglich Summe der Betriebsausgaben (Übertrag aus Zeile 53)			0 | 00
57	**Gewinn/Verlust**			119 0 | 00

Wie ist eine Einnahmen-Überschuss-rechnung aufgebaut?

Die einzelnen Positionen der Anlage EÜR

Gewinnermittlung

Für die meisten Freiberufler und kleineren Unternehmen wird es ausreichen, die Zeilen 1 bis 57 der Anlage EÜR auszufüllen. In diesem Abschnitt werden die Betriebseinnahmen den Betriebsausgaben gegenübergestellt und so ermittelt, wie sich das Geschäft im abgelaufenen Wirtschafts- oder Geschäftsjahr entwickelt hat. Für Unternehmen ab mittlerer Größe werden die Einnahmen-Überschussrechnungen – insbesondere der Teil zwei „Ergänzende Angaben" – meistens durch den Steuerberater erstellt, welcher auch die Finanzbuchhaltung (Fibu) für das laufende Jahr verbucht hat.

Betriebseinnahmen

Eine Betriebseinnahme liegt grundsätzlich dann vor, wenn ein Geldmittelzufluss bzw. eine Einzahlung erfolgt ist. Bei den Einnahmen müssen Sie vor allem dran denken, dass die Umsatzsteuer, die Sie (oder das Unternehmen) durch die Zahlungen der Kunden einnehmen, eine Betriebseinnahme ist und separat ausgewiesen wird. Die Umsatzsteuer, die an andere Unternehmen gezahlt wurde, wird als Vorsteuer entsprechend als Betriebsausgabe ausgewiesen.

Der Gewinn oder Verlust des Wirtschaftsjahres ist das Ergebnis aus der Gegenüberstellung der Betriebseinnahmen und der Betriebsausgaben.

Umsatzsteuerpflichtige Betriebseinnahmen

Das Formular auf Seite 73 zeigt die einzelnen Kategorien von Betriebseinnahmen. Bei den umsatzsteuerpflichtigen Betriebseinnahmen (Zeile 4) handelt es sich um solche, die aus dem Kerngeschäft resultieren. In der Zeile 4 wird nur die Summe der Nettoeinnahmen eingetragen. Der Gesamtbetrag der im Geschäftsjahr eingenommenen Umsatzsteuer wird in Zeile 6 notiert.

Beispiel

Der Unternehmensberater Paul Power berät einen Existenzgründer und verlangt hierfür als Leistungsentgelt netto, ohne Umsatzsteuer, EUR 1 000. Dieser Wert gehört in die Zeile 4 .

Die auf den Wert von EUR 1 000 anfallende Umsatzsteuer würde in die Zeile 6 des Formulars eingearbeitet.

Veräußerung von Anlagevermögen (AV)

Eine wichtige Position ist die Zeile 8. Hier geht es um die Veräußerung von Anlagevermögen. Auch beim Anlagevermögen wird der eingenommene Kaufpreis getrennt von der entsprechenden Mehrwertsteuer erfasst. Als Beleg für den Anlagenabgang gilt die von Ihnen ausgestellte Rechnung.

Beispiel

Der Unternehmensberater Paul Power verkauft seinen Firmen-PKW für EUR netto 10 000 zuzüglich Umsatzsteuer. Der Erlös aus dem Anlagenverkauf beläuft sich auf EUR 10 000. Dieser Wert muss in die Zeile 8 eingetragen werden. Die entsprechende Umsatzsteuer muss in die Zeile 6 eingesetzt werden.

Beachten Sie unbedingt, dass Wirtschaftsgüter, welche aus dem Anlagevermögen veräußert werden, auch zu einem realistischen Wert verkauft werden. Dieser Markt- oder Börsenpreis - steuerlich als Teilwert bezeichnet - wird in Zeiten leerer Staatskassen gerade von den Betriebsprüfern genau hinterfragt. Würde nämlich der Unternehmensberater den PKW an einen Bekannten nur für EUR 1 000 verkaufen, da dieser ihm gelegentlich bei Gartenarbeiten hilft, dann hätte das Finanzamt ja nur eine entsprechend wesentlich geringere Umsatzsteuereinnahme.

■ *Der Verkaufspreis muss einem „Fremdvergleich" standhalten und realistisch sein. Stellen Sie sich hierbei die folgende Frage: Würde ich diesen Gegenstand einem fremden Dritten, den ich nicht kenne, zu diesem Preis verkaufen?* ■

Abnutzbare Anlagegüter des Betriebsvermögens – z. B. Maschinen, Computer, Software – unterliegen im Lauf der Zeit einer Wertminderung und werden nach bestimmten, vom Finanzamt veröffentlichten Tabellen abgeschrieben. In den so genannten AfA-Tabellen ist die jeweilige Nutzungsdauer des Gegenstandes festgelegt (s. S. 64 f.). Zum Zeitpunkt des Verkaufs steht ein gebrauchtes Anlagegut nicht mehr mit seinem ursprünglichen Wert, sondern nur noch mit seinem Restwert zu Buche. Dieser Restwert muss bei den Betriebsausgaben in der Zeile 24 eingearbeitet werden. Er wird als Betriebsausgabe angesetzt, um das Ergebnis des Verkaufes auch ertragsteuerlich richtig zu erfassen.

Beispiel
Herr Power verkauft seinen PKW für netto EUR 10 000. Dieses Fahrzeug steht aber nur noch mit einem Restbuchwert (= historische Anschaffungskosten abzüglich sämtlicher bisher angefallenen Abschreibungen) von EUR 5 000 in den Büchern. Die Folge: Der Gewinn beläuft sich auf lediglich EUR 5 000, welcher auch in der Einnahmen- Überschussrechnung angesetzt werden soll.
Stellt man dem Verkaufserlös als Betriebseinnahme von netto EUR 10 000 (vgl. Zeile 8) nun die Betriebsausgaben (Restbuchwert) von EUR 5 000 (Zeile 24) gegenüber, so hat man per Saldo den richtigen Gewinn von EUR 5 000.

Private Nutzung von Fahrzeugen

Die private Nutzung eines Firmenwagens ist für Unternehmen eine Betriebseinnahme, weil nur diejenigen Aufwendungen Betriebsausgaben darstellen, welche auch betrieblich veranlasst sind. Die private Nutzung gehört grundsätzlich nicht dazu.

Ein häufiges Verfahren zur Berechnung der Privatnutzung ist die so genannte **1 %-Regelung**. Nach diesem Verfahren wird 1 % des Brutto-Anschaffungswertes (einschließlich Sonderausstattung) zuzüglich Umsatzsteuer als Bemessungsgrundlage herangezogen. Der Brutto-Listenpreis wird stets vom Neuwagen in Anschlag gebracht, auch wenn das Fahrzeug gebraucht gekauft wurde. Der entsprechende Wert wird in Zeile 9 eingetragen. Beachten Sie, dass bei der 1 %-Regelung 20 % pauschal umsatzsteuerfrei sind, 80 % aber umsatzsteuerpflichtig.

Berechnungsbeispiel
Der Brutto-Listenpreis des Neufahrzeuges beträgt EUR 40 000. 1% davon sind EUR 4 00 x 12 Monate.

Steuerfreier Anteil der Privatnutzung (20%)	EUR	960,00
Steuerpflichtiger Anteil der Privatnutzung (80%)	EUR	3 840,00
Umsatzsteuer 19 % auf EUR 3 840,00	EUR	729,60

In die Zeile 9 müssen Sie den Gesamtbetrag über EUR 4 800,00 (EUR 960,00 und EUR 3 840,00) eintragen; den Umsatzsteuerbetrag über EUR 729,60 müssen Sie in die Zeile 6 (vereinnahmte Umsatzsteuer) eintragen.

Diese 1 %-Regelung für die Privatnutzung betrieblicher Kraftfahrzeuge ist auf Fahrzeuge beschränkt, die mehr als 50 % für die Firma genutzt werden. Alternativ zur 1 %-Regelung kann es sinnvoll sein, die Nutzung des Firmenfahrzeugs in einem **Fahrtenbuch** zu dokumentieren. In diesem wird die Gesamtkilometerleistung unterteilt in betriebliche Fahren und Privatfahrten, wozu auch Fahrten zwischen Wohnung und Arbeitsstätte und Wochenendheimfahrten (max. 1-mal pro Woche) gehören. Aus der Gesamtkilometerleistung wird der Anteil der Privatfahrten herausgerechnet. Auf Basis des entsprechenden Prozentwertes wird anteilige Versicherung und Steuer (umsatzsteuerfrei) sowie der Anteil an Abschreibung, Reparaturen und Kraftstoff (umsatzsteuerpflichtig) errechnet.

Berechnungsbeispiel

Gesamtkilometer lt. Fahrtenbuch	40 000 km
Anteil Privatfahrten	10 000 km
Anteil Fahrten Wohnung-Arbeitsstätte	5 000 km
Kfz-Kosten gesamt	EUR 8 500
(davon Abschreibung, Reparaturen, Kraftstoff	EUR 6 500
davon Versicherung und Steuer	EUR 2 000)

Im Beispiel wird der Firmenwagen also zu 25 % privat genutzt, die anteiligen Kfz-Kosten stellen eine Betriebseinnahme dar. Zu beachten ist dabei, dass bei Versicherung und Steuer kein Vorsteuerabzug erfolgt, bei Abschreibung, Reparaturen und Kraftstoff dagegen schon. Den in Zeile 9 „Private Kfz-Nutzung" einzutragenden Wert ermitteln Sie wie folgt. Der entsprechende Umsatzsteuerbetrag wird in Zeile 6 ausgewiesen:

Kfz-Kosten ohne Vorsteuerabzug	EUR 2 000
Anteil Privatfahrten 25 %	EUR 500
Kfz-Kosten mit Vorsteuerabzug	EUR 6 500
Anteil Privatfahrten 25 %	EUR 1 625
19 % Ust auf EUR 1 625	EUR 308,75
Betriebseinnahmen durch private Pkw-Nutzung gesamt brutto	EUR 1 933,75

Die Kosten für Fahrten zwischen Wohnung und Arbeitsstätte sind auf Basis der Gesamtkosten für das Fahrzeug getrennt zu ermitteln und als Abschreibung auf bewegliche Wirtschaftsgüter (Zeile 21 + 26) bzw. Aufwendungen für Wege zwischen Wohnung und Betriebsstätte (Zeile 27 + 29) als Ausgaben zu verbuchen.

Geht man von einer Strecke von einfach 15 km aus, die an 210 Tagen im Jahr gefahren wird, sieht die Berechnung folgendermaßen aus:

Kfz-Kosten gesamt	EUR 8 500
Kilometer gesamt lt. Fahrtenbuch	40 000
Kfz-Kosten pro km	EUR 0,21
5 000 km x EUR 0,21	EUR 1 050
abzüglich EUR 0,30 (Pauschale) x Entfernung x Arbeitstage (max. EUR 4.500)	EUR 945
= Betriebsausgaben	EUR 105

Das Thema der privaten Kfz-Nutzung ist recht komplex. Konsultieren Sie hierzu einen steuerlichen Berater, welcher Ihnen die Details bzw. die Varianten näher erläutert.

Private Warenentnahme

Auch für die komplizierte Berechnung der Werte für die Zeilen 10 (Sonstige Entnahmen) sollte man den Rat eines Steuerexperten einholen. Sind Sie als Unternehmer zum Vorsteuerabzug berechtigt, ist auch die private Entnahme umsatzsteuerpflichtig.

Beispiel

Der Gastronom Guntram Gast entnimmt für private Zwecke Getränke und Lebensmittel aus dem Unternehmen. Um einem Fremdvergleich standhalten zu können, müssen diese entnommenen Werte wie eine Betriebseinnahme erfasst werden, da der Gastronom vorher auch den vollen Wareneinkauf als Betriebsausgabe geltend gemacht hatte.

Die Berechnung hierzu kann nach den tatsächlich dokumentierten Werten erfolgen, aber auch über Pauschalbeträge. Für bestimmte Branchen gibt es hier Richtsätze.

Ein Sonderfall ist die private Nutzung des Firmentelefonanschlusses. Hier stehen drei Berechnungsalternativen zur Verfügung.

1. Sie setzen eine Pauschale von 30 % der jährlichen Telefonkosten an;
2. Sie setzen pauschal 360 EUR pro Jahr an,
3. Sie führen einen Einzelnachweis über das tatsächliche Aufkommen privater Gespräche.

Wählen Sie die Alternative, die für Ihren konkreten Fall am günstigsten ist. Aber Achtung: Die private Nutzung des Telefons ist umsatzsteuerpflichtig!

Ansparrücklage und spätere Sonderabschreibung

Um Unternehmen unter bestimmten Voraussetzungen auch zukünftige Investitionen zu erleichtern, können so genannte Ansparrücklagen von höchstens 40 % der vorgesehenen Neu-Investitionen im Anlagevermögen gebildet werden, welche in den folgenden beiden Jahren erfolgen sollen.

Beispiel

Der Unternehmensberater Paul Power möchte sich in 2008 eine neue Büroeinrichtung zulegen.

Die Anschaffungskosten im Jahr 2008 belaufen sich auf EUR 10 000. Herr Power kann dafür bereits im Jahr 2007 als Betriebsausgabe eine Gewinn mindernde Rücklage bilden, beispielsweise in Höhe von EUR 2 000.

Im Jahr 2007 wird die Ansparrücklage gebildet: Tragen Sie den Wert von EUR 2 000 bei den Betriebsausgaben in die Zeilen 52 und 60 ein. Im Jahr der Anschaffung bzw. Investition (2008) wird die Ansparrücklage einerseits als Betriebseinnahme Gewinn erhöhend aufgelöst. Dann ist derselbe Betrag wieder als Betriebseinnahme in den Zeilen 11 und 60 einzutragen. Andererseits ist im Jahr 2008 – neben der „normalen" Abschreibung (Zeile 21) – auch eine Sonderabschreibung mit 20 % der Anschaffungskosten (= EUR 2 000) bei den Betriebsausgaben in der Zeile 22 einzustellen.

Da die bewegliche, abnutzbare Investition im Jahr 2008 getätigt wurde, wird in 2008 noch die „normale" Abschreibung (= Verteilung der Anschaffungskosten auf Nutzungsdauer), welche sich an den Abschreibungstabellen orientiert, als Aufwand vorgenommen und in Zeile 21 als Gewinn mindernde Betriebsausgabe eingearbeitet.

Betriebsausgaben

Grundsätzlich liegen Betriebsausgaben dann vor, wenn diese zu Geldmittelabflüssen bzw. zu Auszahlungen führen.

Einige Betriebsausgaben wie die Sonderabschreibung (Zeile 22) oder die Abschreibungen (Zeile 21) wurden bereits bei den Betriebseinahmen vorgestellt (siehe Seite 76 ff.).

Betriebsausgabenpauschalen

In den Zeilen 14 und 15 werden Pauschalen aufgeführt, die unter bestimmten Voraussetzungen als Betriebsausgaben den Gewinn mindern. Wichtig ist hierbei vor allem die Unterscheidung, ob Sie hauptberuflich oder nebenberuflich selbstständig sind. Unter den hauptberuflich Selbstständigen haben z.B. Journalisten, Künstler und Schriftsteller 30% ihrer Betriebseinnahmen pauschal als Ausgaben anzusetzen (max. EUR pro Jahr). Bei nebenberuflicher Tätigkeit gilt für diese Berufsgruppe eine Pauschale von 25% bzw. max. EUR 614 pro Jahr. Beraten Sie sich hier mit Ihrem Steuerexperten.

Materialaufwendungen

In den Zeilen 16 und 17 tragen Sie Summe der eingekauften Waren, Rohstoffe und Hilfsstoffe ein. Ebenso die Bezugskosten wie Frachten, welche Sie für den Bezug der Materialien aufgewendet haben.

Bei einem Unternehmer, der die Einnahmen-Überschussrechnung anwendet, ist entscheidend, dass bei Kauf der Materialien der Geldbetrag vom Konto abgeflossen ist. Dann liegt eine Betriebsausgabe vor.

Personalaufwendungen

Die Personalaufwendungen lassen sich einerseits in Löhne und Gehälter, andererseits in gesetzliche soziale Aufwendungen und Aufwand für Altersversorgung unterteilen.

In die Zeile 18 müssen Sie sämtliche Gehaltsaufwendungen, Löhne, aber auch den Teil der vermögenswirksamen Leistung eintragen, welchen Sie Ihrem Mitarbeiter - zusätzlich zum Gehalt - bezahlen. Dies erhöht das lohnsteuer- und sozialversicherungspflichtige Entgelt.

Auch den gesetzlichen Arbeitgeberanteil zur Sozialversicherung sowie den Beitrag zur Berufsgenossenschaft führen Sie hier auf.

Abschreibungen (AfA)

Die Abschreibungen, genauer die Absetzung für Abnutzung und Substanzverringerung (AfA), verteilen die Anschaffungskosten eines Wirtschaftsgutes auf dessen Nutzungsdauer.

Die gesetzlich vorgesehenen Nutzungsdauern für die einzelnen Anlagegüter ersehen Sie aus den Abschreibungstabellen (AfA-Tabellen). Diese erhalten Sie bei den steuerlichen Beratern bzw. in der Fachliteratur. Die Abschreibungen werden je nach Wirtschaftsgut in den Zeilen 19 ff. eingesetzt.

Beispiel

Der freiberufliche Seminarreferent Kurt Kool möchte sich einen neuen PKW kaufen. Die Anschaffungskosten des belaufen sich auf EUR 30 000, die Nutzungsdauer bei einem Neuwagen wird in der AfA-Tabelle mit 6 Jahren vorgegeben.

Die jährliche gleich bleibende, lineare Abschreibung beläuft sich somit auf EUR 5 000 (Anschaffungskosten 30 000/ 6 Jahre Nutzungsdauer).
Da durch die Abschreibung der Wert des PKWs vermindert wird, handelt es sich um Aufwand bzw. Betriebsausgabe.

Beachten Sie: Die Abschreibung ist eine fiktive Betriebsausgabe, da diese zwar das Ergebnis vermindert, jedoch nicht zu Geldmittelabflüssen führt.

Geringwertige Wirtschaftsgüter (GWG)

Die geringwertigen Wirtschaftsgüter (GWG) können im Jahr der Anschaffung sofort als Betriebsausgabe angesetzt werden. Voraussetzungen für ein GWG: Es handelt sich um ein bewegliches, abnutzbares und selbstständig nutzbares Anlagegut mit Anschaffungskosten bis netto EUR 410.

Beispiel
Der Referent Kurt Kool kauft sich einen Pilotenkoffer für netto EUR 400. Diesen kann er als GWG behandeln und der Betrag kann sofort in die Zeile 23 als Betriebsausgabe einsetzen.

■ *Auch die so genannte Trivialsoftware, z.B. ein Softwareprogramm für EUR 299, kann wie ein GWG angesetzt werden.* ■

Kraftfahrzeugkosten und Fahrtkosten

In den Zeilen 25 bis 27 werden die Fahrtkosten angesetzt (vgl. auch Seite 80 f.).

Wenn Sie mit einem privaten Fahrzeug für Ihr Unternehmen Fahrten vornehmen, dann dürfen Sie pauschal pro gefahrenem Kilometer EUR 0,30 als Betriebsausgabe ansetzen.

Raumkosten und Schuldzinsen

In Zeile 31 wird das Arbeitszimmer als Betriebsausgabe angesprochen. Als Position werden hier die tatsächlichen Kosten des Arbeitszimmers angesetzt. Dazu gehören auch die anteiligen Abschreibungen.

Beispiel

Der Unternehmensberater Manuel Mann benötigt sein Arbeitszimmer täglich viele Stunden, es ist Mittelpunkt seiner beruflichen Arbeit als Berater. Er kann deshalb diese Kosten komplett ansetzen.

Beschränkt abzugsfähige Betriebsausgaben

Nach § 4 Absatz 5 des Einkommensteuergesetzes (EStG) dürfen bestimmte Aufwendungen nur begrenzt als Betriebsausgabe das Jahresergebnis mindern. Hierzu gehören insbesondere

- Geschenke an Kunden (Zeile 40)
- Bewirtungskosten (Zeile 41)
- Reisekosten (Zeile 42)

In der Diskussion stehen zur Zeit noch weitere Einschränkungen beim Abzug von geschäftlich veranlassten Geschenken und Bewirtungen von Geschäftsfreunden.

Geschenke

Geschenke an Kunden erhalten die Freundschaft, allerdings nur dann auch für Ihr Finanzamt, wenn der Betrag pro Geschäftsfreund pro Jahr nicht über netto EUR 35,00 liegt.

Beispiel
Sie verschenken an einen Kunden zwei Flaschen Champagner à netto EUR 20,00. Da der Wert über EUR 35,00 liegt, können Sie überhaupt kein Geschenk als Betriebsaugabe ansetzen; auch nicht die eine Flasche von nur EUR 20,00. Ebenso entfällt dann auch der Vorsteuerabzug!

Tipp: Führen Sie ein Verzeichnis, in welchem Sie die einzelnen Empfänger genau aufführen. Nur einen Namen „Müller, Berlin" zu erfassen, ist nicht eindeutig und kann auch im Rahmen von Betriebsprüfungen zu Problemen führen.

Bewirtungskosten

Bei den Bewirtungskosten dürfen nur 70 % der angemessenen Aufwendungen angesetzt werden; 30 % stellen eine nicht abzugsfähige Betriebsausgabe dar. Allerdings dürfen Sie sich die volle Vorsteuer aus dem Rechnungsbetrag holen.

Beachten Sie, dass eine Bewirtung von Geschäftsfreunden vorliegt. Ebenso benötigen Sie auch einen ordnungsgemäßen Beleg (Rechnung) aus einer Registrierkasse. Fragen Sie daher am besten vor der Bestellung, ob die Kasse auch „richtig" funktioniert ..., sonst war das Essen „umsonst".

Reisekosten

Bei den Reisekosten darf man nur diejenigen Posten als Betriebsausgabe ansetzen, welche auch mit der beruflichen Tätigkeit einhergehen. Dies führt bei Betriebsprüfungen immer wieder zu Beanstandungen. Zudem dürfen bestimmte Pauschalen für beispielsweise die Verpflegung nicht überschritten werden.

Beispiel
Sie gehen in einer fremden Stadt abends alleine zum Essen und gönnen sich ein großes Menü mit teuren Weinen. Dies können Sie nicht als Verpflegungsaufwendungen bei Ihrer inländischen Dienstreise ansetzen, sondern lediglich die folgenden Beträge nach LStR 39 Absatz 2:

Dauer:	Pauschbetrag je Kalendertag:
Mindestens 8 bis 14 Stunden	EUR 6,00
Mindestens 14 bis 24 Stunden	EUR 12,00
24 Stunden	EUR 24,00

Konsultieren Sie hierbei unbedingt einschlägige Fachliteratur oder Ihren steuerlichen Berater bei speziellen Fragen, auch beim Ansatz von Übernachtungskosten und von ausländischen Reisekosten, welche oft weit höher sein können als die inländischen.

Sonstige Betriebsausgaben

In den Zeilen 45 ff. werden noch weitere unbeschränkt abzugsfähige Betriebsausgaben aufgeführt. Die hierzu gehörenden Werte erhalten Sie über separate Konten Ihrer Finanzbuchführung.

Beispiel:
In Zeile 46 werden Porto, Telefon und Büromaterial ausgewiesen. Für sämtliche Posten haben Sie jeweils ein Konto, hier also drei, welche Sie dort einarbeiten müssen.

Tipp: Legen Sie für jede Kostenart ein separates Konto an. Dies schafft Transparenz und Klarheit.

Ermittlung des Gewinns oder Verlusts

Durch die Gegenüberstellung der gesamten Betriebseinnahmen (Zeile 55) und der gesamten Betriebsausgaben (Zeile 56) erhalten Sie in der Zeile 57 der Ergebnis: Gewinn oder Verlust.

Steuernummer:

2. Ergänzende Angaben

9927

58	**Rücklagen und Ansparabschreibungen**		Bildung Euro | Ct		Auflösung Euro | Ct
59	Rücklagen nach § 6c i.V.m. § 6b EStG, R 35 EStR	187		120	
60	Ansparabschreibungen nach § 7g Abs. 3 - 6 EStG	188		121	
61	Ansparabschreibungen nach § 7g Abs. 7 und 8 EStG	189		122	
62	Gewinnzuschlag nach § 6c i.V.m. § 6b Abs. 7 und 10, § 7g Abs. 5 und 6 EStG			123	
63	Summen	190		124	
64			**Übertrag in Zeile 52**		**Übertrag in Zeile 11**

9929

65	**Entnahmen und Einlagen bei Schuldzinsenabzug**		
66	Entnahmen einschl. Sach-, Leistungs- und Nutzungsentnahmen	122	
67	Einlagen einschl. Sach-, Leistungs- und Nutzungseinlagen	123	

Anlage EÜR – Ergänzende Angaben

Bei den ergänzenden Angaben werden Rücklagen und Ansparabschreibungen abgehandelt. Dies sind sehr spezielle steuerrechtliche Passagen, die unbedingt in Zusammenarbeit mit einem steuerlichen Berater eingetragen bzw. bearbeitet werden sollten.

Die Ansparabschreibungen nach § 7 g Einkommensteuergesetz (EStG) können natürliche Personen, juristische Personen und Personengesellschaften vornehmen.

Der Vorteil solcher Ansparabschreibungen ist, dass erwirtschaftete Gewinne bis zu einer bestimmten Grenze nicht versteuert werden müssen, denn diese Gewinne können der Ansparabschreibung zugeführt werden. Damit werden Investitionen, insbesondere bei kleinen Unternehmen begünstigt.

Das Anlagevermögen

Im folgenden Verzeichnis (Seiten 5 und 6 des ELSTER-Formulars EÜR) wird das Anlagevermögen in der Entwicklung dargestellt, ebenso deren Abschreibungen. In der Praxis wird zunächst einmal eine Gesamtübersicht über das Anlagevermögen aufgeführt.

Dieses Formular müssen alle Anwender der Einnahmen-Überschussrechnung ausfüllen, welche Anlagevermögen im Unternehmen haben. Anlagevermögen ist dadurch gekennzeichnet, dass es dazu bestimmt ist, dem Unternehmen dauerhaft, langfristig (i.d.R. länger als ein Jahr) zu dienen. Beispielswei-

Verzeichnis der Anlagegüter für das Jahr 2007

Bei nicht abnutzbaren Anlagegütern entfallen die Angaben zu Nutzungsdauer und AfA

Unbewegliche Wirtschaftsgüter

Bezeichnung des Wirtschaftsguts	Nutzungsdauer	Anschaffungs-/ Herstellungs- oder Einlagezeitpunkt	Anschaffungs- / Herstellungskosten / Teilwert	Buchwert zu Beginn des Gewinnermittlungszeitraums	Zugänge	Abgänge	AfA	Buchwert am Ende des Gewinnermittlungszeitraums
48 weitere Eingabemöglichkeiten								
Summe							(Übertrag in Zeile 10)	

Häusliche Arbeitszimmer

Bezeichnung des Wirtschaftsguts	Nutzungsdauer	Anschaffungs-/ Herstellungs- oder Einlagezeitpunkt	Anschaffungs- / Herstellungskosten / Teilwert	Buchwert zu Beginn des Gewinnermittlungszeitraums	Zugänge	Abgänge	AfA	Buchwert am Ende des Gewinnermittlungszeitraums
Gebäudeteil								
Anteil Grund und Boden								
9 weitere Eingabemöglichkeiten								
Summe (Gebäudeteil)							vgl. Erläuterungen zu Z. 9	

Immaterielle Wirtschaftsgüter

Bezeichnung des Wirtschaftsguts	Nutzungsdauer	Anschaffungs-/ Herstellungs- oder Einlagezeitpunkt	Anschaffungs- / Herstellungskosten / Teilwert	Buchwert zu Beginn des Gewinnermittlungszeitraums	Zugänge	Abgänge	AfA	Buchwert am Ende des Gewinnermittlungszeitraums
8 weitere Eingabemöglichkeiten								
Summe							(Übertrag in Zeile 20)	

rzeichnis der Anlagegüter für das Jahr 2007

icht abnutzbaren Anlagegütern entfallen die Angaben zu Nutzungsdauer und AfA

wegliche Wirtschaftsgüter

eichnung des tschaftsguts	Nut-zungs-dauer	Anschaffungs-/ Herstellungs- oder Einlagezeitpunkt	Anschaffungs- / Herstellungs-kosten / Teilwert	Buchwert zu Beginn des Gewinnermitt-lungszeitraums	Zugänge	Abgänge	Sonder-AfA nach § 7g EStG	AfA	Buchwert am Ende des Gewinnermitt-lungszeitraums
73 weitere Eingabemöglichkeiten									
nme							(Übertrag in Zeile 23)	(Übertrag in Zeile 23)	

se muss ein Unternehmenberater das Formular ausfüllen, welcher seinen Firmen-PKW oder seine Betriebs- und Geschäftsausstattung dort aufführt.

In dem Verzeichnis der Anlagegüter werden die einzelnen Wirtschaftsgüter bezeichnet, ebenso wird die jeweilige Nutzungsdauer angegeben. Hier müssen die Abschreibungstabellen und die dort aufgeführten Nutzungsdauern beachtet werden. Die steuerlichen Nutzungsdauern können von den steuerlichen Beratern erfragt werden. Es gibt auch spezielle Fachliteratur, in welcher die Abschreibungstabellen aufgeführt sind.

Neben den Anschaffungs-/ und Herstellungskosten der einzelnen Wirtschaftsgüter werden auch die (Rest-) Buchwerte, die Zu- und Abgänge sowie die laufende Jahresabschreibung (AfA = Verteilung der Anschaffungs- bzw. Herstellungskosten auf die Nutzungsdauer) aufgeführt.

Durch diese Darstellung erkennt man nicht nur, zu welchen Anschaffungskosten bzw. Herstellungskosten ein Anlagegut beschafft wurde, sondern man sieht auch, mit welchem Betrag ein abnutzbares Anlagegut im betreffenden Wirtschaftsjahr und auch insgesamt abgeschrieben worden ist. Die Buchwerte bzw. Restbuchwerte als Wert in den Büchern sind ebenfalls erkennbar. Der Buchwert beziffert den Wert, mit dem das Wirtschaftsgut bewertet ist nach der Berücksichtigung von Abschreibungen. Die Entwicklung der Werte wird in der dritten Spalte dargestellt.

Dieses Verzeichnis kann man dann noch in diversen weiteren Anlagen in die jeweiligen Inventarnummern der einzelnen Anlagegüter aufteilen.

Als zusätzliche Informationen werden dabei neben den Inventarnummern das Datum der Anschaffung bzw. Herstellung, die Nutzungsdauer sowie die Art der Abschreibung (linear, degressiv) angegeben.

Was können Sie aus Ihrer Einnahmen-Überschussrechnung herauslesen?

Die Einnahmen-Überschussrechnung ist nicht nur eine wichtige Anlage zur Steuererklärung für das Finanzamt, sondern *das* Informationsinstrument für den Unternehmer, seine Bank und die Berater.

Die Interpretation der Einnahmen-Überschussrechnung kann wie bei einem Jahresabschluss sehr detailliert erfolgen. Leider wird das in der Praxis selten gemacht, man beschränkt sich oft nur auf die Umsatzerlöse und das Ergebnis.

Die folgenden Möglichkeiten bestehen, eine Einnahmen-Überschussrechnung zu analysieren:

1. Einfache Einnahmen-Überschussrechnung als Gegenüberstellung von Einnahmen und Ausgaben
2. Detailanalyse der einzelnen Posten der Einnahmen-Überschussrechnung
3. Kennzahlenanalyse

Wie entwickelt sich der Gewinn?

Die einfache Einnahmen-Überschussrechnung im Sinne des Begriffes zeigt als Periodenrechnung sämtliche Betriebseinnahmen und Betriebsausgaben, die während einer Rechnungsperiode angefallen sind. Das Ergebnis ist entweder ein Gewinn oder ein Verlust.

Bei der einfachen Ergebnisrechnung beschränkt man sich darauf, die Positionen der Betriebseinnahmen und der Betriebsausgaben gemäß der Anlage 1 anzusehen. Hierbei hat man einen groben Überblick über die wesentlichen Positionen.

Sie sollten hier unbedingt die Werte mit denen des Vorjahres vergleichen, um zumindest Tendenzen in der Entwicklung aufspüren zu können.

Bei der Gewinnanalyse sollten Sie die Erlöse als Gruppe mit dem Vorjahr vergleichen, andererseits aber auch die einzelnen Kostenpositionen. Insbesondere die Personalkosten und die sonstigen Kosten als vorwiegend fixe Kosten sollten genau verglichen werden.

Gehen Sie ins Detail

Bei einer Detailanalyse der einzelnen Posten wird man nicht nur die Anlage 3 mit allen Konten heranziehen, um sämtliche Positionen genau zu hinterfragen, sondern auch die Anlage 2 mit der Entwicklung des Anlagevermögens.

Diese Detailanalyse bringt den Vorteil, nicht nur sämtliche Positionen der Betriebseinnahmen und Betriebsausgaben sehr genau zu sehen, sondern auch die wichtigen Erlösfaktoren und die problematischen Kostenposten sofort erkennen zu können. Da sämtliche Erlöspositionen voneinander abgegrenzt werden, werden auch alle Umsatzfelder deutlich, auch im Hinblick auf die Entwicklung gegenüber dem Vorjahr. Neben den Umsatzfeldern werden auch die sensiblen Kostenbereiche (Personal, Sonstige Kosten) detailliert aufgeführt.

Beispiel
Bei den Positionen Werbekosten und Reisekosten mit den Informationen über die Ausgaben für Werbung, Geschenke und Bewirtung sollte hinterfragt werden, ob die Ausgaben ihren Zweck auch wirklich erfüllen.

Im Jahresvergleich können Sie prüfen:

- Welche Kosten sind gleich geblieben, welche gestiegen, welche gesunken?
- Welcher Umsatzbereich ist besonders stark – und sollte man ihn ausbauen?

Die Detailanalyse sollte in der Praxis auch anhand der Kontenentwicklung – sofern vorhanden – vorgenommen werden. Nehmen Sie dazu die Kontenergebnisse (Salden) der wichtigsten Einnahmen- und Ausgabenkonten und vergleichen Sie diese mit denen des Vorjahres.

Wer nicht mit Konten arbeitet, sollte die wichtigsten Zahlenwerte des laufenden Jahres mit den entsprechenden des Vorjahres vergleichen.

Wie hat sich das Anlagevermögen entwickelt?

Im Rahmen einer Detailanalyse wird man aber auch die Entwicklung des Anlagevermögens genau unter die Lupe nehmen. Handelt es sich doch dabei oft um beachtliche Vermögenswerte, die dem Unternehmen zur Verfügung stehen.

In der Praxis bedeutet das, dass Sie sich insbesondere die Zugänge und die Abgänge des Jahres ansehen sollten, um zu sehen, wie das Anlagevermögen aufgebaut wird bzw. in welcher Höhe Desinvestitionen erfolgen, die nicht ersetzt werden durch neue Anlagegüter.

Setzt Zahlen in Beziehung: die Kennzahlenanalyse

Die Kennzahlenanalyse wird zwar bei der Einnahmen-Überschussrechnung nur selten angewendet, einige wenige Kennzahlen können aber auch bei einem Überschussrechner durchaus informativ sein.

■ *Kennzahlen sind Zahlen, die bestimmte absolute Zahlen im Unternehmen in Beziehung setzen. Diese Zahlen können zum Beispiel aus der Bilanz, der Gewinn- und Verlustrechnung oder eben auch aus der Einnahmen-Überschussrechnung stammen.* ■

Die folgenden beiden Kennzahlen können für Sie als Einnahmen-Überschussrechner sinnvoll sein:

- Rentabilität des Umsatzes,
- Cashflow.

Umsatzrentabilität

Die Umsatzrentabilität zeigt, in welchem Verhältnis der Gewinn zu den Umsatzerlösen steht. Sie berechnet sich wie folgt:

$$\text{Rentabilität} = \frac{\text{Gewinn x 100}}{\text{Umsatzerlöse}}$$

Beispiel

P. Petersen hat einen Gewinn von 100 000 € bei 400 000 € Umsatz. Die Rentabilität beläuft sich auf 0,25.

Es ist rein theoretisch, hier Grenzen oder Normalwerte zu empfehlen, da jedes Unternehmen anders ist. Dennoch ist diese Kennzahl, über Jahre hinweg beobachtet, ein gewisser Tendenzmarker, der die Richtung anzeigt. Man sollte spätestens dann reagieren, wenn diese Werte langsam, aber sicher nach unten gehen, sofern das der Markt überhaupt zulässt.

Cashflow – nicht nur für Banken interessant

Der Cashflow ist nicht nur für die Banken ein wichtiger Wert. Der Cashflow zeigt, inwieweit sich ein Unternehmen aus dem Umsatzprozess finanzieren kann bzw. wie viele liquide Mittel netto aus dem Umsatzprozess in das Unternehmen zurückfließen. Auch für die Unternehmer ist der Cashflow bedeutend, da durch ihn Geldüberschüsse aufgezeigt werden, die dann teilweise für Steuerzahlungen, für Tilgungen und private Ausgaben genutzt werden können.

Da der Cashflow angibt, was aus dem Umsatzprozess netto an Liquidität zurückfließt, geht man bei der Berechnung vom Gewinn aus und rechnet alle nicht-liquiditätswirksamen Ausgaben, die als Betriebsausgaben abgezogen wurden, wieder hinzu. Im Wesentlichen sind dies die Abschreibungen, die als Betriebsausgaben abgezogen wurden.

Beispiel
Der Gewinn beträgt 50 000 €, die Abschreibungen haben sich während des Wirtschaftsjahres auf 20 000 € belaufen. Der Cashflow beläuft sich somit auf 70 000 €.

Der Cashflow von 70 000 € bedeutet für unseren Einnahmen-Überschussrechner Petersen, dass ihm weitaus mehr an liquiden Mitteln aus dem Umsatzprozess zurückfließt als sein Gewinn.

Bei der Analyse mittels Cashflow müssen Sie jedoch besonders beachten, dass Sie aus dem Cashflow nicht ausschließlich Kredite tilgen können. Er ist nur ein Teil der Einkünfte Denn der Cashflow spiegelt wider, über wie viel Geld Sie überhaupt verfügen. Sie müssen davon auch private Ausgaben bestreiten – etwa Ihre privaten Steuern wie die Einkommensteuer, einmal ganz abgesehen von Ihrem Lebensunterhalt den Sie ja auch aus Ihrem Gewinn finanzieren. Somit ist der Cashflow auch eine Basis Ihres Einkommens. Erst, wenn die privaten Ausgaben gedeckt sind, können Sie aus dem Cashflow Investitionen, sprich, Kredite für Ihr Unternehmen finanzieren.

■ *Trotz dieser Einschränkungen sollte der Cashflow als gewisser Leistungsindikator gesehen werden, der Liquidität aus dem Umsatz zurückbringt.* ■

Nur begrenzte Aussagekraft für die Kalkulation

Aus der Einnahmen-Überschussrechnung kann man nicht nur Erfolge des operativen und neutralen Unternehmensbereiches herauslesen, sondern auch die Kosten- bzw. Ausgabenentwicklung werden deutlich dargestellt, ebenso die Anlagebewertung durch beispielsweise die Vornahme von Abschreibungen und der Bestand sämtlicher Konten der Finanzbuchhaltung.

Doch weil sich Maschinen, Firmenwagen, Möbel etc. abnutzen, müssen Sie als Unternehmer auch Kosten, die in Zukunft anfallen werden, einkalkulieren. Grundsätzlich sollten Sie daran denken, dass es sich bei den Ergebnissen in Ihrer Einnahmen-Überschussrechnung um *steuerrechtliche* Ergebnisse handelt, die mit einem kostenrechnerischen Betriebsergebnis für reine Kalkulationszwecke nur bedingt etwas zu tun haben. Kalkulatorische Kosten, wie sie in der Kostenrechnung verwendet werden, sind in der Einnahmen-Überschussrechnung nicht enthalten. Kalkulatorische Kosten werden etwa auf der Basis von Wiederbeschaffungskosten beim Anlagevermögen berechnet.

Es kann also durchaus sein, dass ein Unternehmen in der Einnahmen-Überschussrechnung einen Gewinn hat, aber dennoch betriebswirtschaftlich negativ arbeitet.

Beispiel

Der Gewinn beläuft sich auf 20 000 €. Die Abschreibungen (Bezugsbasis: historische, also ursprüngliche Anschaffungskosten) waren mit 2 000 €

als Betriebsausgaben erfasst worden. Würde man in der Kostenrechnung aber kalkulatorische Abschreibungen (auf der Basis von zukünftigen Wiederbeschaffungskosten) in Höhe von 30 000 € kalkulieren, so hätte das Unternehmen einen betriebswirtschaftlichen Verlust von 8 000 €:
20 000 + 2 000 = 22 000 – 30 000 = – 8 000

Das ist so zu sehen: Würde man die bilanzielle Abschreibung durch die kalkulatorische Abschreibung ersetzen, um ein kostenrechnerisches Ergebnis zu erhalten, dann wäre das Ergebnis deutlich negativ.

Rund um die Umsatzsteuer

Unterliegen alle Freiberufler der Umsatzsteuer? Welche Vorteile hat es, für die Umsatzsteuer zu optieren? Wie funktioniert der Vorsteuerabzug? Und auf welche Fristen müssen Sie unbedingt achten?

Umsatzsteuer – ja oder nein?

Da das Umsatzsteuerrecht an sich eine recht komplizierte Sache ist, wollen wir im Folgenden nur die für Sie wichtigsten Punkte ansprechen:

- Wer unterliegt der Umsatzsteuer? Wer nicht?
- Welche Leistungen unterliegen keiner, welche der ermäßigten Umsatzsteuer?
- Wie müssen Rechnungen und Aufzeichnungen mit der Umsatzsteuer aussehen?
- Was ist die Umsatzsteuer, was die Vorsteuer?
- Wann wird die Umsatzsteuer-Voranmeldungen Pflicht, welche Fristen gelten hier?
- Wie errechnet sich die Vorsteuer, wie füllt man eine Umsatzsteuer-Voranmeldung und die jährliche Umsatzsteuererklärung aus?

Wann sind Sie umsatzsteuerpflichtig, wann befreit?

Kleinunternehmer: befreit

Prinzipiell unterliegen Kleinunternehmer nicht der Umsatzsteuer. Als Kleinunternehmer gelten Sie, wenn Ihr Umsatz unter einer – recht niedrig angesetzten – Grenze liegt. Grundlage dabei ist immer der Gesamtumsatz des Vorjahres zuzüglich Steuern:

1 Hat Ihr Gesamtumsatz im Vorjahr 17 500 € nicht überstiegen und

2 wird er im laufenden Kalenderjahr voraussichtlich 50 000 € nicht übersteigen,

müssen Sie Ihre Umsätze nicht der Steuer unterwerfen. Übersteigt Ihr Umsatz dann jedoch im laufenden Jahr die Grenze, unterliegen Sie in Zukunft der Umsatzsteuer – so lange, bis der Umsatz in einem Jahr wieder unter die Grenze gesunken ist.

Auch wenn Sie Ihre Tätigkeit neu aufgenommen haben und Ihren Gesamtumsatz auf unter 17 500 € im Kalenderjahr geschätzt haben, sind Sie von der Umsatzsteuer befreit.

Sie dürfen allerdings auch in diesen Fällen für die Umsatzsteuer optieren (auf dem Anmeldebogen bzw. einfach durch die Erhebung von Umsatzsteuer und die Abgabe einer Umsatzsteuer-Voranmeldung). Dann allerdings sind Sie auch fünf Jahre an Ihre Entscheidung gebunden. Nach den fünf Jahren können Sie zur Umsatzsteuerbefreiung zurückkehren, wenn Sie die Voraussetzungen für einen Kleinunternehmer weiterhin erfüllen.

Was, wenn Sie nicht für die Umsatzsteuer optieren?

Dann dürfen Sie weder Umsatzsteuer erheben, noch die Umsatzsteuer in Ihren Rechnungen gesondert ausweisen – tun Sie es dennoch, müssen Sie natürlich diese Umsatzsteuer auch an das Finanzamt abführen. Sind Sie umsatzsteuerbefreit und weisen Sie auf Ihren Rechnungen keine Umsatzsteuer aus, dürfen Sie nicht die Vorsteuer von Ihren Rechnungsbeträgen abziehen. (Zur Praxis des Vorsteuerabzugs siehe unten.)

Bedenken Sie eventuell bei dieser Entscheidung die Position Ihrer Auftraggeber: Wenn Sie für viele Unternehmen arbeiten, die selbst umsatzsteuerpflichtig sind, kann es von Vorteil sein, wenn Sie für die Umsatzsteuer votieren. Denn dann sind Ihre Umsatzsteuerforderungen für Ihre Partner abziehbar. Arbeiten Sie allerdings mehr für Privatpersonen oder nicht USt-pflichtige Unternehmen, und haben Sie die Wahl, macht die Erhebung unter Umständen weniger Sinn.

Freiberufliche Leistungen ohne Umsatzsteuer

Einige Freiberufler müssen keine Umsatzsteuer auf ihre Leistungen erheben:

- Ärzte (Humanmedizin)
- Therapeuten (z. B. Ergotherapeut, Psychotherapeut)
- Hebammen
- Heilpraktiker
- Krankengymnasten
- Dozenten
- u. a. m.

Eine Auflistung der steuerfreien Umsätze findet sich im § 4 UStG. Da die Umsatzsteuer an die Art der Tätigkeit gebunden ist, gilt dies auch für freiberufliche Leistungen, die im Rahmen einer Personengesellschaft, also im Rahmen etwa einer Praxisgemeinschaft oder einer Freiberufler-GmbH, erbracht werden.

Worauf wird wie viel Umsatzsteuer erhoben?

Der Regelsatz für die Umsatzsteuer beträgt 19 % (bis 31.12. 2006 16 %). Für die meisten Freiberufler, die nicht befreit sind, gilt dieser Satz, etwa für

- Rechtsanwälte
- Architekten
- Gutachter
- Bauingenieure
- Steuerberater
- Beratende Volkswirte und Betriebswirte
- Tierärzte
- u. a. m.

Für einige Freiberufler (bzw. deren Tätigkeit) gilt der ermäßigte Satz von 7 %. Leicht zu merken sind diejenigen, deren Tätigkeit in Zusammenhang mit dem Urheberrecht steht, nämlich

- Künstler,
- Schauspieler,
- Schriftsteller,
- Musiker (in Orchestern, Chören, Musikensembles u. a. m.).

Aber auch Zahntechniker und Zahnärzte (nur bei eigenen zahntechnischen Leistungen) erheben lediglich 7 % Umsatzsteuer auf ihren Rechnungen.

Ihr Vorteil: Vorsteuerabzug

Umsatzsteuer zu erheben und abzuführen hat einen großen Vorteil: Sie können Ihre Vorsteuern direkt von der Umsatzsteuer abziehen, die Sie dem Finanzamt schulden. Bevor wir auf das Verfahren eingehen, einige grundlegende Vorbemerkungen.

Generell sind, sobald Sie für die Umsatzsteuer optieren bzw. umsatzsteuerpflichtig sind, die folgenden Unterscheidungen für Sie wichtig:

- *brutto* vs. *netto* sowie
- *Umsatzsteuer* vs. *Vorsteuer.*

Brutto – netto

Die Umsatzsteuer wird auch Mehrwertsteuer genannt, weil sie auf den „Mehrwert" veranschlagt wird, den Waren bzw. Dienstleistungen bei ihrer Produktion bzw. Veredelung im Laufe des Wirtschaftsprozesses erfahren. So wird in der Produktions- wie Zuliefererindustrie als auch beim Handel Umsatzsteuer auf die einzelnen Leistungen erhoben. Letztlich landet die Steuer jedoch beim Verbraucher.

Die Umsatzsteuer sehen Sie auf vielen Rechnungen für Waren und Leistungen als eigenen Wert (oder zumindest als Prozentsatz) ausgezeichnet. Brutto und netto sind die zwei Begriffe, die diesen Sachverhalt treffen. Auf den Nettowarenwert wird eine Umsatzsteuer von in der Regel 19 % (bis 31.12. 2006 16 %), ermäßigt 7 %, erhoben.

Beispiel: Brutto – netto

Sie erwerben einen Drucker im Elektronikmarkt. Auf dem Etikett bzw. Preisschild steht in der Regel der Bruttopreis: 199 € soll der Drucker kosten. An der Kasse lassen Sie sich eine Rechnung geben.

Entweder ist die Umsatzsteuer extra ausgewiesen, dann heißt es:

1 Drucker Nettopreis	167,23 €
zzgl. 19% USt	31,77 €
Bruttowarenwert	199,00 €

Oder unterhalb des Gesamtbetrages findet sich ein Satz: „Dieser Rechnungsbetrag enthält 19 % MWSt/USt in Höhe von 31,77 €."

Spätestens wenn Sie die Rechnung in der Hand halten, wissen Sie auch, was Sie der Drucker wirklich kostet – nämlich dank Vorsteuerabzug (s.u.) nur den Nettopreis.

Der große Vorteil: Vorsteuerabzug

Für Unternehmen ist die Umsatzsteuer in der Regel ein „durchlaufender Posten": Sie nehmen zwar Umsatzsteuer ein, müssen sie aber dann an das Finanzamt wieder abführen. Insofern scheint die Umsatzsteuer ein kompliziertes Verfahren zu sein, das nur Arbeit macht.

Doch so schwer ist die Sache nicht: Sie erheben auf alle Leistungen und Waren Umsatzsteuer, die Sie, wenn Sie sie vereinnahmen, an das Finanzamt abführen müssen. Doch Sie zahlen ja selbst auch Umsatzsteuer, nämlich auf die Waren und Leistungen, die Sie für Ihren Betrieb beziehen. Diese Umsatzsteuer ist die Vorsteuer. Und diese Vorsteuerbeträge können Sie von Ihrer vereinnahmten Umsatzsteuer direkt abziehen, wodurch sich die Umsatzsteuerschuld gegenüber dem Finanzamt mindert.

Beispiel: Vorsteuerabzug
Kommen wir zurück zu unserem Beispiel des Druckerkaufs. Sie haben für den Drucker 31,77 € Mehrwertsteuer, genauer gesagt: Vorsteuer gezahlt. Diese Vorsteuer ziehen Sie von Ihrer nächsten Umsatzsteuerzahlung ab. Der Drucker kostet Sie also unter dem Strich nur 167,23 €.

Sie zahlen als Privatverbraucher natürlich auch Umsatzsteuer, die Sie allerdings nirgendwo geltend machen dürfen – hier sind Sie der Verbraucher der Ware bzw. Dienstleistung.

Leichter verständlich wird die Sache mit der Umsatzsteuer, wenn Sie sich die folgende Unterscheidung merken:

- Umsatzsteuer haben Sie vereinnahmt,
- Vorsteuer haben Sie gezahlt.

Die ist nicht nur für die Umsatzsteuerzahlungen, sondern später auch für die Durchführung ihrer Einnahmen-Überschussrechnung sehr wichtig.

Die Umsatzsteuer ist im Regelfall ein durchlaufender Posten. Insofern können hohe Vorsteuerzahlungen vorübergehend kostenbelastend sein. Vor allem, wenn Umsatzsteuerzahlung und Vorsteuerabzug zeitlich weit auseinander liegen oder in verschiedene Jahre fallen, führt dies zu Verzerrungen des Gewinns.

Worauf achten bei Rechnungsstellung und Aufzeichnungen?

Wenn Sie Umsatzsteuer erheben, müssen Sie in Ihren Rechnungen das Leistungsentgelt (= Nettobetrag) und die Umsatzsteuer getrennt ausweisen.

Beispiel: Rechnung mit Umsatzsteuer

Rechnung Nr. 15 Leistungserstellung vom 8.2.–10.2.07 16.2.2007

Sehr geehrte Damen und Herren,
für die Erstellung der Broschüre „Zukunft Internet" erlaube ich mir, wie folgt in Rechnung zu stellen:

Konzeption und erster Entwurf	250,00 €
Fertigstellung Broschüre, 6 Seiten à 60 €	360,00 €
Gesamtpreis netto	610,00 €
zzgl. 19 % USt	115,90 €
Gesamtpreis brutto	725,90 €

Bei Ihren Aufzeichnungen/Buchungen und Umsatzsteuer-Voranmeldungen müssen Sie die Nettobeträge der Betriebseinnahmen getrennt aufzeichnen, je nachdem, ob sie mit 19 % oder 7 % besteuert werden.

Umsatzsteuer-Voranmeldung: Was ist zu beachten?

Wann verlangt das Finanzamt Voranmeldungen?

Eine etwas lästige Pflicht bei der Umsatzsteuer sind die Umsatzsteuer-Voranmeldungen. Dies sind Umsatzsteuererklärungen und Vorauszahlungen, die entweder

- monatlich
- dreimonatlich
- oder jährlich

zu erfolgen haben.

Liegt Ihr Umsatzsteuerbetrag des Vorjahres unter 512 €, verzichtet das Finanzamt auf die Umsatzsteuer-Voranmeldung. Übersteigt Ihr Umsatz diese Grenze, wird das Finanzamt nach jedem Quartal eine USt-Voranmeldung und -Vorauszahlung verlangen. Dann ist der Voranmeldungszeitraum 3 Monate. Der Voranmeldungszeitraum verkürzt sich sogar auf einen Monat, wenn die Umsatzsteuer für das vorangegangene Kalenderjahr mehr als 6136 € betrug. Das bedeutet: Monatlich wird eine Zahlung fällig – oder eine Erstattung.

Beispiel

Sie haben 2006 7 500 € Umsatzsteuer gezahlt. Im Jahr 2007 müssen Sie monatlich Ihre Umsatzsteuer-Voranmeldung erledigen.

Neu gegründete Unternehmen müssen – außer, sie fallen unter die Kleinunternehmer-Regel – die Umsatzsteuer-Voranmeldung im ersten und zweiten Jahr zwingend monatlich abgeben.

Achtung, strenge Fristen!

Bei der Umsatzsteuer-Voranmeldung ist das Finanzamt recht streng. Schon 10 Tage nach Ablauf des Voranmeldungszeitraums, also am 10. des Folgemonats, müssen Sie die Umsatzsteuer-Voranmeldung abgegeben haben, egal, ob Sie monatlich, vierteljährlich oder jährlich vorauszahlen. Falls Sie die Voranmeldung nicht abgeben (oder auch die Vorauszahlung nicht richtig berechnen), kann das Finanzamt die Vorauszahlung festsetzen, und zwar in einer Höhe von bis zu rund 25 565 €.

Wichtig: Gleichzeitig müssen Sie die Zahlung leisten. Hierbei zählt das Datum des Zahlungseingangs beim Finanzamt (wichtig etwa bei Überweisungen).

Beispiel

Die Umsatzsteuer-Voranmeldung für das erste Quartal 2007 steht an. Sie müssen die Umsatzsteuern für Januar, Februar und März entrichten. Die Voranmeldung müssen Sie bis zum 10. April beim Finanzamt einreichen, die Zahlung muss bis dahin auch beim Finanzamt eingegangen sein.

Vermeiden Sie unbedingt eine unpünktliche Zahlung. Gehen Steuerbetrag oder Voranmeldung zu spät ein, kann das Finanzamt sowohl Verspätungs- als auch Säumniszuschläge festsetzen. Und das kann teuer werden, beträgt doch der Säumniszuschlag 1 % für jeden angefangenen Monat.

Beispiel: Säumniszuschlag

Bei einer 5 Tage verspäteten Vorauszahlung von einem Vorsteuerbetrag über 2 500 € bedeutet dies schon 25 €.

Bei verspäteter oder nicht abgegebener Umsatzsteuer-Voranmeldung kann das Finanzamt einen Verspätungszuschlag bis zu 10 % der Vorauszahlung festsetzen.

Am besten, Sie erteilen Ihrem Finanzamt eine Einzugsermächtigung für die Umsatzsteuer. Denn die Umsatzsteuerzahlungen fallen nicht nur häufig an, sondern bei Verspätung werden auch empfindliche Strafen fällig.

■ *Fällt das Datum auf einen Samstag, Sonntag oder gesetzlichen Feiertag, verschieben sich Abgabefrist und Fälligkeit auf den folgenden Werktag.* ■

Empfehlenswert: Dauerfristverlängerung

Es empfiehlt sich in jedem Fall eine so genannte Dauerfristverlängerung zu beantragen; wird der Antrag gewährt, verlängert sich die Abgabe- und Zahlungsfrist um einen Monat, und zwar unbegrenzt. Dazu müssen Sie noch vor der ersten Voranmeldung bei Ihrem Finanzamt einen Antrag stellen (Vordruck dort erhältlich).

Wenn Sie monatlich voranmelden, müssen Sie bei der Antragstellung auf Dauerfristverlängerung gleichzeitig eine Sondervorauszahlung in Höhe von 1/11 der Summe der Vorauszahlungen für das vorangegangene Kalenderjahr leisten. Diese Zahlung müssen Sie selbst berechnen und als „Sondervorauszahlung" in den Antrag eintragen. Waren Sie im letzten Jahr nicht das ganze Jahr tätig, müssen Sie die Umsatzsteuer entsprechend hochrechnen (angefangene Monate gelten als voller Monat).

Beispiel

Sie haben im Jahr 2006 von Juli bis Dezember USt-Vorauszahlungen übe 5 500 € geleistet. Umgerechnet auf das ganze Jahr sind das 11 000 € Nun stellen Sie Antrag auf Dauerfristverlängerung. Als Sondervorauszahlung müssen Sie 1/11 aus 11 000 €, also 1 000 €, vorauszahlen.

Die geleistete Sondervorauszahlung ziehen Sie bei der Umsatzsteuer-Voranmeldung für den Monat Dezember wieder ab.

Voranmeldung mit ELSTER

In der Voranmeldung müssen Sie Ihre Umsatzsteuerzahlungen ausrechnen, dies dem Finanzamt „anmelden" und die fällige Summe direkt überweisen. Unternehmer und Freiberufle müssen seit Beginn des Jahres 2005 am ELSTER-Verfahren teilnehmen. ELSTER steht für **Elektronische Steuererklärung** und bedeutet, dass Umsatzsteuer-Voranmeldungen auf elektronischem Wege an das Finanzamt übermittelt werden müssen – wie gewohnt, auf amtlich vorgeschriebenem Vordruck und bis zum 10. Tag nach Ablauf des Voranmeldezeitraums.

Wie melden Sie sich für ELSTER an?

Zunächst müssen Sie einmalig die „Erklärung zur Übermittlung" ausfüllen, persönlich unterschreiben und per Post an das Finanzamt schicken. Darin bestätigen Sie die Richtigkeit der zu übermittelnden Daten. Die Erklärung können Sie unter *www.elsterformular.de* downloaden.

Wie kommen Sie an die Formulare?

Die Formulare und die für das ELSTER-Verfahren notwendige Software erhalten Sie unter *www.elster.de*. Mit der Software können die Daten verschlüsselt und mit hohen Sicherheitsstandards übermittelt werden. Viele Anbieter von Anwendungssoftware haben die ELSTER-Software und -Formulare integriert (so z.B. die Lexware-Produkte). Auch wenn das Steuer-Programm von Elster, Elster-Formular, selbst nur unter Windows läuft, können auch Macintosh- und Linux-User Elster nutzen und ihre Steuererklärung online übermitteln. Für Ihre eigenen Unterlagen können Sie einen Protokollausdruck erstellen lassen.

Wer muss nicht am ELSTER-Verfahren teilnehmen?

Nur auf Antrag kann zur Vermeidung unbilliger Härten die Voranmeldung weiterhin auf Papier oder per Fax übertragen werden. Diese Härte kann dann vorliegen, wenn und solange es dem Unternehmer nicht zumutbar ist, die technischen Voraussetzungen (z. B. PC-Ausstattung, Internetanschluss) zu schaffen, die für die elektronische Übermittlung notwendig sind. Einen solchen Antrag sollten Sie schriftlich und hinreichend begründet beim Finanzamt einreichen – und dabei auch dazu Stellung nehmen, bis wann Sie voraussichtlich die Voraussetzungen erfüllen werden.

Wie gehen Sie bei der Umsatzsteuer-Voranmeldung vor?

Sie beinhaltet Informationen zum Unternehmen, die Nettobeträge der steuerpflichtigen Leistungen, die Vorsteuerbeträge und die zu entrichtende Umsatzsteuer.

Beim Ausfüllen des Formulars gehen Sie folgendermaßen vor:

1. Zunächst werden der Ort des Finanzamtes, die Steuernummer, der Name und die Anschrift des Unternehmens eingetragen.
2. Dann wird der Nettobetrag ohne Umsatzsteuer in einer linken Spalte angegeben, in der rechten Spalte daneben die hierauf entfallende Umsatzsteuer.
3. Als nächstes geben Sie die abziehbaren Vorsteuerbeträge an.
4. Zum Schluss wird die noch abzuführende Umsatzsteuer berechnet, indem von der Umsatzsteuer auf die steuerpflichtigen Leistungen die abziehbaren Vorsteuerbeträge abgezogen werden.

Beispiel: Umsatzsteuer-Voranmeldung

Peter Petersen Umsatzsteuer-Voranmeldung 21.05.2007
Steuernummer: 123/456/78999 Blatt 1
April 2007
Finanzamt: Unternehmen: Peter Petersen
Königsstadt Management Zentrum
Postfach 6666 Birkenallee 11
87878 Königsstadt 87878 Königsstadt

Zeile			Bemessungsgrundlage		Steuer
25	Umsätze § 4 Nr. 8 bis 28 UStG				
		48	1 108,00		
28	Steuerpflichtige Umsätze 19 v.H.				
		51	22 924,96		4 355,74
	Steuerpflichtige Umsätze 7 v.H.				
		86	1 397,82		97,85
43	Umsatzsteuer				
					4453,59
47	Vorsteuerbeträge				
				66	430,24
53	Verbleibender Betrag				
					4 023,35
56	USt-Vorauszahlungen/Überschuss				
					4 023,35
58	Umsatzsteuer-Vorauszahlung				
				83	4 023,35

Die abschließende Umsatzsteuererklärung

Doch mit den Umsatzsteuer-Voranmeldungen ist es nicht getan. Nach der Fertigstellung der Einnahmen-Überschussrechnung müssen Sie jedes Jahr – zusammen mit der Einkommensteuererklärung – auch eine Umsatzsteuererklärung abgeben. Das richtige Formular hierzu bekommen Sie beim Finanzamt. Es umfasst mehrere Bögen.

Auf dem Bogen USt 2 A werden ebenfalls die Stammdaten aufgeführt, auf der Seite 2 dann insbesondere die Umsätze zum allgemeinen und zum ermäßigten Steuersatz mit der entsprechenden Steuer.

Direkt nach der Seite 2 des Bogens USt 2 A wird das Formular „Anlage UR zur Umsatzsteuererklärung" beigefügt. Hier werden etwa innergemeinschaftliche Erwerbe (steuerfrei/steuerpflichtig) und innergemeinschaftliche Dreiecksgeschäfte eingetragen.

Für die Praxis bei Freiberuflern haben hier jedoch vor allem die steuerfreien Umsätze ohne Vorsteuerabzug eine große Bedeutung. Sie werden auf der Seite 2 unter „C" aufgeführt.

Beispiel
Steuerfrei sind nach § 4 Nr. 22 UStG: Vortragstätigkeiten für beispielsweise Wirtschaftsakademien.

Auf die Seite 3 des Formulars USt 2 A schließlich tragen Sie die Vorsteuerbeträge aus Rechnungen von anderen Unternehmen ein. Auf der letzten Seite wird dann die zu entrichtende Umsatzsteuer des Jahres festgestellt.

Die Abschlusszahlung oder der Erstattungsanspruch ergibt sich durch die Gegenüberstellung der Umsatzsteuer und der abziehbaren Vorsteuerbeträge. Die verbleibende Umsatzsteuer bzw. der verbleibende Überschuss wird dann noch dem Vorauszahlungssoll gegenübergestellt, wobei die geleisteten Sondervorauszahlungen (bei monatlichem Voranmeldungszeitraum) dabei auch berücksichtigt werden. Die Differenz ist an das Finanzamt zu entrichten bzw. wird vom Finanzamt erstattet.

■ *Beachten Sie: Bei den Umsatzsteuerzahlungen werden auch die Umsatzsteuervorauszahlungen, die Umsatzsteuer des Vorjahres sowie die Umsatzsteuer von früheren Jahren angegeben.* ■

Vorsteuerpauschalen können günstiger sein

Einige Berufsgruppen können bei der Vorsteuer auf Antrag eine Pauschale ansetzen (nach §§ 22 u. 23 a UStG); Journalisten zum Beispiel einen Satz von 4,8 % ihres Bruttoumsatzes, Friseure einen Satz von 4,5 % (Stand Oktober 2006). Voraussetzung ist, dass eine Einnahmen-Überschussrechnung gemacht wird und der Netto-Umsatz des Vorjahres 61.356 € nicht übersteigt. Ob Sie mit dem Durchschnittssatz günstiger fahren als mit dem Abzug der tatsächlich gezahlten Vorsteuer – was bei wenigen Fremdrechnungen der Fall sein kann –, sollten Sie am Jahresende ermitteln.

■ *Kehren Sie nach Inanspruchnahme der Pauschale eines Tages wieder zum normalen Vorsteuerabzug zurück, sind Sie fünf Jahre an diese Entscheidung gebunden. Die aktuellen Durchschnittsätze können Sie bei Ihrem Finanzamt erfragen.* ■

Welche umsatzsteuerlichen Besonderheiten gelten?

Die Umsatzsteuer gehört im Rahmen des deutschen Steuerrechts zu den anspruchsvollsten Steuerarten. Für den Einnahmen-Überschussrechner gelten Besonderheiten, die mit dem Zu- und Abflussprinzip zusammenhängen. Wie Sie sich erinnern, zählen die Umsatzsteuerbeträge bei einem Einnahmen-Überschussrechner zu den Betriebseinnahmen, die gezahlten Vorsteuerbeträge zu den Betriebsausgaben. Im Gegensatz zu den bilanzierenden Unternehmen geht ein Unternehmen, welches die Ergebnisse nach § 4 Abs. 3 EStG berechnet, nicht von den vereinbarten Entgelten aus, sondern von den vereinnahmten. Entscheidend sind die Geldzahlungen.

Sobald die Vereinnahmung eines Geldbetrags erfolgt ist, ist auch die Umsatzsteuer relevant.

Beispiel: Vereinnahmte Umsatzsteuer

Sie haben eine Rechnung mit Datum 28.09.2006 über brutto 1 160,00 € mit 16 % Umsatzsteuer gestellt. Ihr Kunde bezahlt die Rechnung aber erst am 08.06.2007. Dies bedeutet, dass der Erlös erst im Jahr 2007 wirksam wird. Die im Rechnungsbetrag enthaltene Umsatzsteuer in Höhe von 160,00 € wird damit auch erst in der Umsatzsteuer-Voranmeldung vom Monat Juni 2007 berücksichtigt.

Umgekehrt kann auch die Vorsteuer aus den eingehenden Rechnungen erst abgezogen werden, wenn der entsprechende Geldbetrag vom Konto abgeflossen ist.

Beispiel: Vorsteuerabzug

Am 24.12.2006 wurde an das Unternehmen von Peter Petersen Büromaterial mit einem Rechnungsbetrag von brutto 1 160,00 € geliefert. Das Unternehmen bezahlt die Rechnung aber erst am 16.01.2007. Dies bedeutet, dass es sich erst in der Umsatzsteuer-Voranmeldung vom März 2007 die in der Rechnung enthaltene Vorsteuer über 160,00 € (16 %, da Vorjahr) erstatten lassen kann.

Problem: Verzerrung der Gewinnsituation

Die Behandlung der Umsatzsteuer als Einnahme/Ausgabe kann insbesondere im ersten Jahr der Tätigkeit zu Verzerrungen führen. Verlangt das Finanzamt von Ihnen zum Beispiel im ersten Jahr Ihrer Berufsausübung noch keine Umsatzsteuer-Voranmeldungen und -zahlungen, vereinnahmen Sie aber bereits Umsatzsteuer, erscheint der Gewinn höher als er in Wirklichkeit ist. Denn Sie müssen diese Umsatzsteuer ja später doch ans Finanzamt abführen. Diese Verzerrung kann sich unter Umständen steuerlich auswirken.

Beispiel: Umsatzsteuer steigert den Gewinn

Der Übersetzer Hubert Bronner meldet 2005 seine freiberufliche Tätigkeit an. Obwohl er für die Umsatzsteuer optiert hat, muss er im ersten Jahr keine Umsatzsteuervorauszahlungen leisten, weil er seinen Umsatz nur auf etwa 15 000 € geschätzt hat. Die Auftragslage entwickelt sich jedoch besser als erwartet und Hubert Bronner kommt schließlich am Ende des Jahres auf einen Nettoerlös von rund 25 000 €. Die darauf entfallende, vereinnahmte Umsatzsteuer von 4 000 € (16 %) verbleibt zunächst bei ihm, er zahlt sie erst im Jahr 2006, als er seine Einkommen und Umsatzsteuererklärung macht. Der Gewinn im Jahr 2005 ist also durch die Einnahme der Umsatzsteuer um 4 000 € höher als „real", was sich auch auf die zu zahlende Einkommensteuer und die Einkommensteuervorauszahlungen auswirkt. Dafür mindert die Zahlung der Umsatzsteuer im Folgejahr wiederum den Gewinn von 2006.

Selbst bei vierteljährlichen oder monatlichen Umsatzsteuerzahlungen entsteht eine gewisse Verzerrung, denn diese Zahlungen sind ja auch nicht „periodengerecht". Grundsätzlich gleichen sich diese Verzerrungen im Laufe der Jahre jedoch wieder aus.

Erhöhung der Umsatzsteuer: Worauf müssen Sie achten?

Ab 1.1.2007 werden statt 16 % Umsatzsteuer 19 % erhoben; der ermäßigte Steuersatz bleibt bei 7 %. Als Kriterium gilt der Zeitpunkt des Warenverkaufs bzw. der Abschluss einer Dienstleistung bzw. die Fertigstellung eines Auftrags, egal, wann die Rechnung gestellt wird oder die Zahlung eingeht. Gehen Sie daher wie folgt vor:

- Ist der Auftrag bis 31.12.2006 abgeschlossen bzw. die Ware verkauft, berechnen Sie 16 % Umsatzsteuer.
- Haben Sie mit einem Auftrag in 2006 begonnen, wird er aber erst 2007 fertig gestellt, müssen Sie für die gesamte Leistung/Lieferung 19 % Umsatzsteuer berechnen.

Beispiel
Ein Software-Ingenieur beginnt mit der Entwicklung einer Anwendung im Oktober. Am 21.1.2007 liefert er die Software termingerecht an den Kunden aus. Seine Rechnung stellt er mit 19 % USt.

- Haben Sie für einen Auftrag, der sich über den Jahreswechsel hinzieht, bereits Abschlagszahlungen in Rechnung gestellt, müssen Sie diese Rechnungen nicht nachträglich ändern. Bei der Schlussrechnung allerdings müssen Sie die fehlenden 3 % berücksichtigen.

Beispiel
Unser Entwickler hat im November bereits eine Teilrechnung von 5000 Euro plus 16 % USt. gestellt. Seine Schlussrechnung sieht dann so aus:

Gesamtpreis: 10 000 € + 19 % USt (1900 €) = 11 900 €
abzgl. Abschlagszahlung: 5000 € + 16 % USt. (800 €) = 5800 €
bleibt Restbetrag: 5000 € + 19 % USt. (950 €) + 3 % Reststeuer auf den Anzahlungsbetrag von 5.000 (150 €) = 6100

Denken Sie daran, dass bei monatlich zu zahlenden Dauerleistungen wie z.B. Mieten, Wartungsverträgen oder Leasingzahlungen die Verträge zum 1.1.2007 an den erhöhten Steuersatz von 19 % anzupassen sind..

Nützliche Adressen

Das Bundesfinanzministerium bietet auf seiner Homepage Links zu aktuellen Gesetzen oder dem Steuerberechnungsprogramm „Elster" an. Außerdem bietet es einen Download-Service, z. B. Dokumente wie die AfA-Tabelle, und einige Steuerberechnungen wie Lohnsteuerberechnungen als Online-Rechner an: www.bundesfinanzministerium.de

Das Bundesamt für Finanzen bietet im Behördenverzeichnis eine Suchfunktion zur Ermittlung der örtlich und sachlich zuständigen Finanzämter: www.bff-online.de

Die Haufe Akademie bietet in ihrem Programm Intensivschulungen zu Buchführung und Bilanzierung, die auch auf die individuellen Problemfelder von Einnahmen-Überschussrechnern eingehen:

Haufe Akademie
Hindenburgstr. 64
79102 Freiburg
Tel. 0761 4708-811
www.haufe-akademie.de

Der Softwareanbieter Lexware bietet unter dem Dach der Haufe Akademie für Einnahmen-Überschussrechner spezielle Schulungen für das Programm „Lexware Buchhalter" an. Tel. 0761 4708-872, E-Mail: lexware-akademie@haufe.de

Stichwortverzeichnis